Todos los libros de Linkgua Ediciones cuentan con modelos de Inteligencia Artificial entrenados por hispanistas. Pregúntale al chat de tu libro lo que desees acerca de la obra o su autor/a.

Para ebooks: Accede a nuestro modelo de IA a través de este enlace.

Para libros impresos: Escanea el código QR de la portada con tu dispositivo móvil.

Obtén análisis detallados de nuestros libros, resúmenes, respuestas a tus preguntas y accede a nuestras ediciones críticas generativas para una experiencia de lectura más enriquecedora.
La transparencia y el respeto hacia la autoría de las fuentes utilizadas son distintivos básicos de nuestro proyecto. Por ello, las respuestas ofrecen, mediante un sistema de citas, las fuentes con las que han sido elaboradas.

Gertrudis Gómez de Avellaneda

Diario de amor

Barcelona 2024
Linkgua-ediciones.com

Créditos

Título original: Diario de amor.

e-mail: info@linkgua.com

Diseño de cubierta: Michel Mallard.

ISBN rústica ilustrada: 978-84-9953-979-9.
ISBN tapa dura: 978-84-1126-066-4.
ISBN rústica: 978-84-933439-2-7.
ISBN ebook: 978-84-9897-180-4.

Sumario

Brevísima presentación

La vida

Gertrudis Gómez de Avellaneda (Camagüey, 1814-Madrid, 1873), Cuba.

Era hija de un oficial de la marina española y de una cubana. Escribió novelas y dramas y fue actriz. Estudió francés y leyó mucho, sobre todo autores españoles y franceses. Tras una corta estancia en Burdeos, vivió un año en La Coruña y después en Sevilla, donde conoció a Ignacio Cepeda, con quien tuvo un romance. Por esta época ejerció el periodismo y estrenó su primer drama. Su creciente prestigio literario le permitió establecer amistad con Espronceda y Zorrilla. Poco después se casó con Pedro Sabater, quien murió tres meses más tarde.

Tras un retiro conventual, la Avellaneda volvió a Madrid y, entre 1846 y 1858, estrenó al menos trece obras dramáticas. Hacia 1853 quiso entrar en la Academia Española, pero se le negó por ser mujer. En 1855 se casó con el coronel Domingo Verdugo, conocida figura política que en 1858 fue víctima de un atentado. Más tarde éste fue nombrado para un cargo oficial en Cuba. Entonces la Avellaneda dirigió en La Habana la revista Álbum cubano de lo bueno y de lo bello (1860).

Su marido murió en 1863 y ella se fue a los Estados Unidos. Estuvo en Londres y París y regresó a Madrid en 1864.

Durante los cuatro años siguientes vivió en Sevilla. Utilizó el seudónimo de La peregrina.

El deseo

Este *Diario de amor* es un testimonio del ideario sentimental de su tiempo. Este libro contiene una autobiografía y una serie de cartas; puede ser leído como una narración amorosa, como un estudio de la seducción y sus estrategias o incluso como vindicación de la condición femenina. Aquí se narran las vivencias amorosas de la estancia de Avellaneda en España. Se trata de la exposición de una «vida a la manera del romanticismo», notoria en la pasión sentimental, en la emotividad reflejada en una prosa estilizada. Resulta irónico que esta autobiografía de la Avellaneda fuese escrita como un libro de confesiones dirigido a su amante Ignacio Cepeda, con el propósito de saciar su curiosidad.

Sin embargo, cabe citar algunos fragmentos en que los tópicos de la pasión romántica son puestos en duda:

> Yo quiero tu corazón, tu corazón sin compromisos de ninguna especie. Soy libre y lo eres tú; libres debemos ser ambos siempre, y el hombre que adquiere un derecho para humillar a una mujer, el hombre que abusa de su poder, arranca a la mujer esa preciosa libertad; porque no es ya libre quien reconoce un dueño. Si el mundo fuese más puro, más santo, si volviésemos a la edad de inocencia en que este mundo viejo y corrompido era aún joven y puro, entonces yo no sé cuáles serían mis opiniones; pero hoy día que el hombre que es amado con idolatría, con veneración, puede hacerse culpable de egoísmo y crueldad cuando se reviste con el derecho de superioridad. ¿Y qué mayor superioridad que la de ser árbitro del destino de otro? ¡Creo que me compren-

> derás!: yo no estaría tranquila si no te dijese que no me has comprendido, y que yo sería despreciable a mis propios ojos si la pureza de mi corazón no justificase la demasiada franqueza que contigo me permito.

La soberanía

La pasión de la Avellaneda exige el respeto de su propia soberanía. No se trata de una entrega irreflexiva, los actos de entrega pertenecen a una convención amorosa que supone también actos de distanciamiento, reflexiones sobre lo que no es lícito entregar que no tienen que ver precisamente con la honra sino más bien con el acrecentamiento de los efectos de la seducción:

> Yo no escrupulizaré de amar. Pero creo que Dios me prohíbe buscar en ese sentimiento goces brutales, siempre que él mismo no me impone un deber de materializarlo por un objeto santo, cual es la maternidad. Siento, además, que yo no tengo una necesidad de arrancar al amor todas las perlas de su corona casta para devorarlas en placeres insuficientes para mi felicidad.

La conciencia

Asimismo el halago preciso y la conciliación entre el ser idealizado y sus atributos reales dan al Diario de amor una carga de racionalismo inusitada. La Avellaneda no vacila en mostrar sus argucias intelectuales, aunque tal vez con cierta contención, temerosa de intimidar a su amante:

> ¿Tan vulgares las crees que pueda suponer que pasen para mí desapercibidas? No; siempre te he visto digno de ser amado, aun cuando alguna vez haya creído que tú no sabes amar. Acaso ni aun eso he creído; solo he comprendido que a mí no me amabas. Pero ni tu falta de amor a mí ni aun la tibieza que en general pudiera tener tu corazón en la región de las pasiones, es motivo para que yo piense que vales poco; ¡qué absurdo, amigo mío! Napoleón no sabía amar y ciertamente que a nadie se le ha ocurrido que por razón de su poca ternura dejase de ser el primer hombre del mundo. Newton dicen que jamás tuvo una querida, y yo me hubiera enorgullecido de tenerlo por amigo.
>
> Yo no creo que Tasso, porque amó hasta morir de amor y sin juicio, valiese más que Newton o Napoleón; diré, sí, que el alma de Tasso simpatiza más con la mía; que lo comprendo mejor; que si lo hubiera conocido y amado lo hubiera creído más capaz de hacerme dichosa que Newton o Napoleón. El gran genio de Tasso nacía de alma eminentemente apasionada; el de los otros, de un espíritu altivo y profundo; todos valían mucho y se asemejaban poco.

Cuando Avellaneda conoció a Ignacio ella apenas tenía veinticinco años y parecía consciente de que un exceso de lucidez podría apartarla de su amante. Sin embargo, tras estos cumplidos, unas páginas después la Avellaneda se muestra más sincera y descarnada; sus comentarios muestran una percepción fría y racional de su amante que no nada tiene que ver con la pasión amorosa.

¿Sabes que nada tienes de galante? Eres singular. Tu talento se eclipsa a las veces de una manera inverosímil. Escucha: tú no me has conocido sino por una de mis faces: por la de mi corazón; ignoras que si yo quisiera consultar solamente mi talento y mi conocimiento del corazón humano; si dejase obrar a mi vanidad de mujer y a mi experiencia de filósofo, ni tu amor a esa que lloras, ni tu calma, ni tu hastío, ni nada te salvaría, a ti que quieres salvarme. Sí; yo te dominaría con mi cabeza fría; te subyugaría a mi placer; te volvería loco si se me antojase.

Autobiografía

Confesión[1]

23 de julio, a la una de la noche. En Sevilla, año de 1839

Amigo mío:

La confesión, que la supersticiosa y tímida conciencia arranca a un alma arrepentida a los pies de un ministro del cielo, no fue nunca más sincera, más franca, que la que yo estoy dispuesta a hacer a usted. Después de leer este cuadernillo, me conocerá usted tan bien o acaso mejor que a sí mismo. Pero exijo dos cosas. Primera: que el fuego devore este papel inmediatamente que sea leído. Segunda: que nadie más que usted en el mundo tenga noticias de que ha existido.

Usted sabe que he nacido en una ciudad del centro de la Isla de Cuba, a la cual fue empleado mi padre el año de nue-

1 Anteponemos a las cartas de amor, y como primer capítulo de este «Epistolario», la autobiografía de la Avellaneda, página íntima y casi desconocida, documento psicológico importantísimo, salvado, contra la voluntad expresa de su autora, por la infidencia de aquel a quien fue dedicado, el mismo personaje masculino de esta crónica pasional, tan llena de verdad humana.
Se sabe que esta «Autobiografía» precedió a la redacción de las «Cartas», que, en realidad, vienen a ser como la continuación de la presente confesión, o sea el prólogo del diario amoroso comenzado cuando la admirable escritora cubana estaba en la plenitud de su vida, el año de 1839, a los veinticinco de su edad.
Nada cual este capítulo podrá darle al lector idea completa de la índole del temperamento de la Avellaneda, así como del instante en que aparece la nueva pasión, motivadora de dichas «Cartas», a través de las cuales vemos el nacimiento, desarrollo y muerte de un gran cariño, desde la primer confidencia amistosa, hasta el grito irresistible provocado por el más noble y violento de los sentimientos humanos: el amor.

ve, y en la cual casó, algún tiempo después, con mi madre, hija del país.[2]

No siendo indispensables extensos detalles sobre mi nacimiento para la parte, de mi historia, que pueda interesar a usted, no le enfadaré con inútiles pormenores, pero no suprimiré tampoco algunos que puedan contribuir a dar a usted más exacta idea de hechos posteriores.

Cuando comencé a tener uso de razón, comprendí, que había nacido en una posición social ventajosa: que mi familia materna ocupaba uno de los primeros rangos del país, que mi padre era un caballero y gozaba de toda la estimación que merecía por sus talentos y virtudes, y todo aquel prestigio que en una ciudad naciente y pequeña gozan los empleados de cierta clase. Nadie tuvo este prestigio en tal grado: ni sus antecesores, ni sus sucesores en el destino de los comandantes de los puertos, que ocupó en el centro de la isla; mi padre daba brillo a su empleo con sus talentos distinguidos, y había sabido proporcionarse las relaciones más honoríficas en Cuba y aun en España.

Pronto cumplirán dieciséis años, de su muerte; mas estoy cierta, muy cierta, que aún vive su memoria en Puerto Príncipe y que no se pronuncia su nombre sin elogios y bendiciones; a nadie hizo mal, y ejecutó todo el bien que pudo. En su vida pública y en su vida privada, siempre fue el mismo: noble, intrépido, veraz, generoso e incorruptible.

Sin embargo, mamá no fue dichosa como él; acaso porque no puede haber dicha en una unión forzosa, acaso porque siendo demasiado joven y mi padre más maduro no pudieron tener simpatías. Mas, siendo desgraciados, ambos fueron por lo menos irreprochables. Ella fue la más fiel y virtuosa

2 Los padres de la Avellaneda fueron el capitán de navío don Manuel Gómez de Avellanada y doña Francisca de Arteaga.

de las esposas, y jamás pudo quejarse del menor ultraje a su dignidad de mujer y de madre.

Disimule usted estos elogios: es un tributo que debo rendir a los autores de mis días, y tengo cierto orgullo cuando al recordar las virtudes, que hicieron tan estimado a mi padre, puedo decir: soy su hija.

Aún no tenía nueve años cuando le perdí. De cinco hermanos que éramos solo quedábamos a su muerte dos: Manuel y yo; así es que éramos tiernamente queridos, con alguna preferencia por parte de mamá hacia Manolito y de papá hacia mí. Acaso por esto, y por ser mayor que él cerca de tres años, mi dolor en la muerte de papá fue más vivo que el de mi hermano. Sin embargo, ¡cuán lejos estaba entonces de conocer toda la extensión de mi pérdida!

Algunos años hacía que mi padre proyectaba volver a España y establecerse en Sevilla; en los últimos meses de su vida esta idea fue en él más fija y dominante. Quejose de no dejar sus huesos en la tierra nativa, y pronosticando a Cuba una suerte igual a la de otra isla vecina, presa de los negros, rogó a mamá se viniese a España con sus hijos. Ningún sacrificio de intereses, decía, es demasiado: nunca se comprará cara la ventaja de establecerte en España. Estos fueron sus últimos votos, y cuando más tarde los supe deseé realizarlos. Acaso éste ha sido el motivo de mi afición a estos países y del anhelo con que a veces he deseado abandonar mi patria para venir a este antiguo mundo.

Quedó mamá joven aún, viuda, rica, hermosa (pues lo ha sido en alto grado) y es de suponer no le faltarían amantes, que aspirasen a su mano. Entre ellos, Escalada, teniente coronel del regimiento que entonces guarnecía a Puerto Príncipe, joven también, no mal parecido, y atractivo, por sus dulces modales y cultivado espíritu. Mamá le amó acaso con sobrada ligereza, y antes de los diez meses de haber quedado huérfanos, tuvimos un padrastro. Mi abuelo, mis tíos y toda la familia, llevó muy a mal este matrimonio; pero mi mamá tuvo para esto una firmeza de carácter, que no había manifestado antes, ni ha vuelto a tener después. Aunque tan niña, sentí herido por este golpe mi corazón; sin embargo, no eran consideraciones mezquinas de intereses las que me hicieron tan sensible a este casamiento: era el dolor de ver tan presto ocupado el lecho de mi padre y un presentimiento de las consecuencias de esta unión precipitada.

Afortunadamente solo un año estuvimos con mi padrastro, pues, aunque una real orden inicua y arbitraria nos obligaba a permanecer bajo su tutela, la suerte nos separó. Su regimiento fue mandado a otra ciudad, y mamá no se resolvió a dejar su país y sus intereses para seguirle. Ocho años duró esta separación; solo dos o tres meses cada año iba Escalada a Puerto Príncipe con licencia, y se portaba entonces muy bien con mamá y con nosotros. ¡Por tanto, éramos felices! Aunque tenía mamá otros hijos de sus segundas nupcias, su cariño para con nosotros era el mismo. A Manuel, sobre todo, siempre le ha querido con una especie de idolatría, y a mí lo bastante para no poder formar la menor queja. Dábaseme la más brillante educación que el país proporcionaba, era celebrada, mimada, complacida hasta en mis caprichos, y nada experimenté que se asemejase a los pesares en aquella aurora apacible de mi vida.

Sin embargo, nunca fui alegre y atolondrada, como lo son regularmente los niños. Mostré desde mis primeros años afición al estudio y una tendencia a la melancolía. No hallaba simpatías en las niñas de mi edad; tres solamente, vecinas mías, hijas de un emigrado de Santo Domingo, merecieron mi amistad. Eran tres lindas criaturas de un talento natural despejadísimo. La mayor de ellas tenía dos años más que yo, y la más chica dos años menos. Pero esta última era mi predilecta, porque me parecía, aunque más joven, más juiciosa, y discreta que las otras. Las Carmonas (que éste era su apellido) se conformaban fácilmente con mis gustos y los participaban. Nuestros juegos eran representar comedias, hacer cuentos, rivalizando a quien los hacía más bonitos, adivinar charadas y dibujar en competencia flores y pajaritos. Nunca nos mezclábamos en los bulliciosos juegos de las otras chicas con quienes nos reuníamos.

Más tarde, la lectura de novelas, poesías y comedias, llegó a ser nuestra pasión dominante. Mamá nos reñía algunas veces porque, siendo ya grandecitas, descuidáramos tanto nuestros adornos, y huyéramos de la sociedad como salvajes. Porque nuestro mayor placer era estar encerradas en el cuarto de los libros, leyendo nuestras novelas favoritas y llorando las desgracias de aquellos héroes imaginarios, a quienes tanto queríamos.

De esto modo cumplí trece años. ¡Días felices que pasaron para no tornar!...

25 por la mañana

Mi familia me trató casamiento con un caballero del país, pariente lejano de nosotros. Era un hombre de buen aspecto personal, y se le reputaba el mejor partido del país. Cuando se me dijo que estaba destinada a ser su esposa, nada vi en este proyecto que no me fuese lisonjero. En aquella época, comenzaba a presentarme en los bailes, paseos y tertulias, y se despertaba en mí la vanidad de mujer. Casarme con el soltero más rico de Puerto Príncipe, que muchas deseaban, tener una casa suntuosa, magníficos carruajes, ricos aderezos, etc., era una idea que me lisonjeaba. Por otra parte, yo no conocía el amor, sino en las novelas que leía, y me persuadí desde luego que amaba locamente a mi futuro. Como apenas le trataba, y no le conocía casi nada, estaba a mi elección darle el carácter que más me acomodase. Por descontado me persuadí, que el suyo era noble, grande, generoso y sublime. Prodigole mi fecunda imaginación ideales perfecciones, y vi en él reunidas todas las cualidades de los héroes de mis novelas favoritas: el valor de un Oroondates, el ingenio y la sensibilidad apasionada de un Saint-Preux, las gracias de un Lindor y las virtudes de un Grandisón. Me enamoré de este ser completo, que veía yo en la persona de mi novio. Por desgracia, no fue de larga duración mi encantadora quimera; a pesar de mi preocupación, no dejó de conocer harto pronto, que aquel hombre no era grande y amable sino en mi imaginación; que su talento, era muy limitado, su sensibilidad muy común, sus virtudes muy problemáticas. Comencé a entristecerme y a considerar mi matrimonio bajo un punto de vista menos lisonjero. En aquella época, mi futuro tuvo precisión de ir a La Habana, y su ausencia, que duró diez meses, me proporcionó la ventaja de poder olvidar mis compromisos. Como no veía a mi novio, ni casi se me hablaba de él, apenas, rara vez, me acordaba vagamente que existía en el mundo. La amistad ocupaba entonces toda mi alma. Adquirí una nueva amiga en una prima, que, educada en un convento, comenzó entonces a presentarse en sociedad. Era una criatura adorable; yo, que no amaba a ninguna de mis otras primas, me incliné a ella desde el primer momento en que la vi.

He notado en el curso de mi vida, que si bien alguna vez se ha engañado mi corazón, más frecuentemente ha tenido un instinto feliz y prodigioso en sus primeros impulsos. Rara vez he encontrado simpatías en aquellas personas que, a primera vista, me han chocado, y en muchas he adivinado en dicha primera vista el objeto de mi futuro afecto.

Mi prima obtuvo desde luego mi simpatía, y no tardó en ocupar un lugar distinguido en mi amistad. Únicamente Rosa Carmona la rivalizaba, pues ninguna de las otras dos Carmonas fueron por mí tan queridas como ella. Cuando estábamos todas reunidas, hablábamos de modas, de bailes, de novelas, de poesías, de amor y de amistad. Cuando Rosa, mi prima, y yo estábamos solas, solíamos ocuparnos de objetos más serios y superiores a nuestra inteligencia. Muchas veces nuestras conversaciones tenían por objeto los cultos, la muerte y la inmortalidad. Rosa tenía mucho juicio en cuanto decía, y yo admiraba siempre la exactitud de sus raciocinios; en cuanto a mi prima, era como yo, una mezcla de profundidad y ligereza, de tristeza y alegría, de entusiasmo y desaliento; como yo, reunía la debilidad de mujer y la frivolidad de niña con la elevación y profundidad de sentimientos, que solo son propios de los caracteres fuertes y varoniles. ¡Yo no he encontrado en nadie mayores simpatías!

Siendo las cinco jóvenes, no feas, y gozando reputación de talento, fuimos bien pronto las señoritas de moda en Puerto Príncipe. Nuestra tertulia, que se formó en mi casa, era brillantísima para el país; en ella se reunía la flor de la juventud del otro sexo y las jóvenes más sobresalientes. Todos los forasteros de distinción que llegaban a Puerto Príncipe solicitaban ser introducidos en nuestra sociedad, y nos llevábamos todas las atenciones en los paseos y bailes. Atrajimos la envidia de las mujeres; pero gozábamos la preferencia de los hombres, y esto nos lisonjeaba.

Volvió en eso mi novio; pero yo no le vi sin una especie de horror; desnudo del brillante ropaje de mis ilusiones, pareciome un hombre odioso y despreciable. Mi gran defecto es no poder colocarme en el medio y tocar siempre en los extremos. Yo, aborrecía a mi novio tanto como antes creí amarlo. Él no pudo apercibir mi mudanza, porque jamás habíale yo mostrado mi afecto. Mis ilusiones nacieron y acabaron allá en el secreto de mi corazón, porque, tan tímida como apasionada, no concebía yo entonces que se pudiera, sin morir de vergüenza, decir a un hombre: yo te amo. Como no debía casarme hasta los dieciocho años, y solo tenía quince, y como mi novio me visitaba muy poco, aquel matrimonio me ocupaba menos de lo que debía. Mirábalo remoto, gozaba lo presente y no interrogaba al porvenir.

Lola (la segunda de las Carmonas) y mi prima, entablaron relaciones de amor casi al mismo tiempo, y esta circunstancia, al parecer sencilla para mí, tuvo, no obstante, una notable influencia; ellas amaban y eran amadas con entusiasmo: yo era la confidente de ambas. Entonces se operó en mí una mudanza repentina y extraña. Híceme huraña y caprichosa; las diversiones y el estudio dejaron de tener atractivos para mí. Huía de la sociedad y aun de mis amigas; buscaba la soledad para llorar sin saber por qué, y sentía un abismo en mi corazón. Yo no era ya el objeto más amado de dos de mis amigas; ellas gozaban en otro sentimiento una felicidad que yo no conocía. ¡Yo sentía celos y envidia! Pensando en aquella ventura, que mi imaginación engrandecía, invocaba al objeto que podía dármela: ¡aquel objeto ideal que formó en los primeros sueños de mi entusiasmo! Creía verle en el Sol y en la Luna, en el verde de los campos y en el azul del cielo; las brisas de la noche me traían su aliento, los sonidos de la música el eco de su voz. Yo le veía en todo lo que hay de grande y hermoso en la naturaleza. ¡Deliraba como con una calentura!

Sin embargo, aquella situación no estaba destituida de encantos. Yo gozaba llorando, y esperaba realizar algún día los sueños de mi corazón.

¡Cuánto me engañaba!... ¿Dónde existe el hombre que pueda llenar los votos de esta sensibilidad tan fogosa como delicada? ¡En vano le he buscado nueve años! ¡En vano! He encontrado ¡hombres!, hombres todos parecidos entre sí; ninguno ante el cual pudiera yo postrarme con respeto y decirle con entusiasmo: tú serás mi Dios sobre la tierra, tú el dueño absoluto de esta alma apasionada. Mis afecciones han sido por esta causa débiles y pasajeras. Yo buscaba un bien que no encontraba y que acaso no existe sobre la tierra. Ahora ya no le busco, no le espero, no le deseo; por eso estoy más tranquila.

Esta tarde o mañana continuaré escribiendo. Adiós.

Por la tarde

Fue introducido en nuestra tertulia un joven, que apenas conocía. Una antigua enemistad, transmitida de padres a hijos, dividía las dos familias de Loynaz y Arteaga. El joven pertenecía a la primera y mamá a la segunda; por consiguiente, ninguna relación existió hasta entonces entre nosotros. Un primo mío había sido el primero que rompiera la valla, uniéndose en amistad con un Loynaz. Las familias, que en un principio llevaron muy a mal dicha amistad, por fin se desentendieron, y Loynaz, prevaliéndose de ella, solicitó visitarme. Mamá, lo rehusó algún tiempo; pero, tanto instó mi primo, tanto ridiculicé yo aquella enemistad rancia y pueril, que al fin cedió, y Loynaz tuvo entrada en casa. No tardó en granjearse la benevolencia de mamá y en ser el más deseado de la tertulia. Aunque muy joven, su talento era distinguido, su figura bellísima y sus modales atractivos.

Mis compromisos y la enemistad de nuestras familias eran dos motivos poderosos para alejar de él toda esperanza respecto a mí; pero sin tomar el aire de un amante, él supo mostrarme una preferencia que me lisonjeaba. Nuestras relaciones eran meramente amistosas, y toda la tertulia las consideraba así. En cuanto a mí, no me detenía en examinar la naturaleza de mis sentimientos; leía con Loynaz poesías, cantaba dúos al piano con él, hacíamos traducciones y no tenía yo tiempo para pensar en nada, sino en la dicha que era para mí la adquisición de un tal amigo.

Por el verano nos fuimos al campo, a una posesión próxima a la ciudad, y llevé conmigo a Rosa Carmona, que, desde que mi prima tenía amante, había llegado a ser mi amiga predilecta. Loynaz, mis primos y muchos amigos de ambos sexos, iban a visitarnos con frecuencia. ¡Tuve días deliciosos! Sin embargo, entonces mismo se me ofrecieron motivos de inquietud y de penas. Yo estaba encantada con Loynaz; pero me hallaba muy lejos de creerle el hombre según mi corazón. Encontrábale más talento que sensibilidad, y en su carácter un fondo de ligereza que me disgustaba. Como amante, no llenaba él mis votos, mas le miraba como amigo y me había aficionado infinito a su trato. Rosa me hizo entrar en aprensión. Empeñose en persuadirme que nuestra pretendida amistad no era más que un amor disfrazado, y por lo mismo más peligroso. Recordábame sin cesar mis compromisos, y hacía de mi novio elogios que hasta entonces no le había yo oído. Ponderando las ventajas de aquel matrimonio, me intimidaba al mismo tiempo con suponerlo inevitable, porque solo con escándalo y afligiendo a mi familia, decía ella, podría yo romper un empeño tan serio y tan antiguo.

A fuerza de decirme que yo amaba a Loynaz, llegó a persuadírmelo; pero como siempre conocía yo que no era él quien podía comprenderme, y que no me inspiraba ni estimación, ni entusiasmo, aquel amor no me hacía dichosa cual yo deseaba, y en vez del orgullo que debe sentir un corazón, que encuentra lo que busca, yo sentía aquella especie de humillación que nos causa la persuasión de habernos aficionado a un objeto que no nos merece.

Volvimos a la ciudad en el mes de septiembre a asistir a las bodas de mi prima, que se casó entonces con el hombre que amaba. Sus amores y los de Lola Carmona habían comenzado al mismo tiempo, como ya he dicho, y al mismo tiempo casi se casaron ambas, aunque de un modo bien diferente. Mi prima vio aprobada su elección por toda la familia; Lola, contrariada por la suya, se casó depositada y se marchó inmediatamente a La Habana con su marido. Así me vi privada de una de mis amigas.

Acompañé al campo a los recién casados, y cuando volví, un mes después, encontré una gran mudanza. Loynaz había sido despedido de casa, y, bajo el pretexto de que quería marcharse con su marido, mamá había fijado para dentro de tres meses mi matrimonio, que antes señalara para el cumplimiento de mis dieciocho años. El novio a todo se prestaba; ni me amaba (según he creído siempre) ni me aborrecía. Deseaba establecerse con una niña de su familia, que tuviese inocencia y alguna hermosura. Mi abuelo había dicho que yo era la que buscaba, y que me daría además todo su quinto (que ciertamente no era despreciable) si me casaba con aquel hombre. Esto le había decidido a él y esto era lo que le movía.

Al llegar yo a saber las novedades en ocurridas, quedé anonadada y sin saber a qué atribuirlas. Pero no tardé en saberlo todo y en sufrir el primero y más terrible de mis desengaños.

26 por la mañana

La despedida de Loynaz y la proximidad de mi casamiento fueron para mí dos golpes tan sensibles como inesperados; pero ¡cómo quedó al saber la mano con la cual me habían sido asestados!... Rosa, mi amiga, mi confidente Rosa, había persuadido a mamá que existía una correspondencia amorosa entre Loynaz y yo, que él me inducía a romper mis compromisos, y conociendo ella mejor que nadie la pureza de mis sentimientos y rectitud de mis intenciones, fue bastante vil para aparentar temores de que, arrastrada por la pasión, que me suponía, diese algún paso imprudente e irremediable. ¡Logró completamente su objeto! ¡Y solo tenía quince años aquella mujer! ¡Qué habrá llegado a ser después!

Yo no conocía ni el mundo, ni los hombres: era tan inocente e inexperta como en el día en que nací: había creído que Rosa me amaba y que era incapaz su corazón de una perfidia. El conocimiento de aquella primera decepción fue para mí un golpe mortal, que cayó de lleno sobre mi alma.

¡Pero admire usted mi candor y sencillez! Rosa logró persuadirme, que solo mi interés y la ternura de la amistad la habían decidido a aquel paso, y me juró que sus intenciones eran las más puras y desinteresadas. ¡La creí y la perdoné!

Loynaz me escribió, y por primera vez, dejó de designar con el nombre de amistad el sentimiento que yo le inspiraba. Refería cómo mamá le había prohibido continuar visitándome y se quejaba de un desaire que no había merecido. «No ignoro, me decía, los compromisos que respecto a usted ha contraído su familia, y usted sabe mejor que nadie con cuanta delicadeza los he respetado, pero, puesto que no se ha sabido apreciar mi conducta, no quiero por más tiempo violentarme: sepa usted, que la amo y que a todo estoy dispuesto, si encuentro en usted iguales sentimientos.»

Me pareció que había en aquella carta más orgullo que pasión, pero me conmoví sin embargo. Tratando a aquel joven nunca le hubiera amado, porque su frivolidad, tan visible, era un antídoto colocado felizmente junto a cualquiera dulce emoción que me inspiraba; pero cuando no le vi, cuando le creí desairado injustamente, ofendido y desgraciado por mi causa, mi afecto hacia él tomó una vehemencia, que acaso jamás hubiera tenido de otro modo. Sin embargo, tuve bastante prudencia para dominarme, y en mi contestación le decía que estaba resuelta a sacrificarme por complacer a mi familia, casándome con un hombre que aborrecía. «No soy insensible a su afecto de usted (le decía al concluir); pero respetaré mis vínculos, y suplico a usted no vuelva a escribirme.»

No hizo caso de esta suplica, me escribió dos veces más cartas muy apasionadas, invitándome a romper un empeño que le hacía infeliz y a mí igualmente; pero no le contesté y cesó de escribirme.

A pesar de esta conducta tan prudente y de la resignación con que me prestaba a un enlace aborrecido, sufría mucho de parte de mi familia. Mamá era, y es, un ángel de bondad, pero el gran defecto suyo es un carácter tan débil, que la constituye juguete de las personas que la cercan. Mis tíos la inducían a tratarme con rigor y continuamente la disponían en mi contra, interpretando odiosamente mis más sencillas operaciones. ¿Y pensará usted que mis tíos deseaban mucho la realización de mi matrimonio? Nada de eso; aparentábanlo así, pero hubiesen dado cualquier cosa por impedir dicho enlace. En primer lugar les pesaban las mejoras que mi abuelo se disponía a hacerme; en segundo, deseaban para su hija mi novio, y acaso al emplear tanto y tan inmerecido rigor conmigo, no tenían otro objeto sino precipitarme a una resolución atrevida, que secundase sus miras secretas: ¡harto lo lograron!

Estaba ya en vísperas de mi matrimonio; casa, ajuar, dispensa, todo estaba preparado. Pero hubo un momento en que no me hallé con fuerza para consumar el sacrificio, uno de aquellos momentos en que se obra sin pensar. Yo dejé furtivamente mi casa, y me refugié con mi abuelo, que estaba en una quinta próxima a la ciudad. Me arrojé desolada a sus pies, y le dije que me daría a la muerte antes que casarme con el hombre que me destinaban.

Aquel rompimiento fue ruidoso; toda mi familia se mostró altamente sorprendida e indignada de mi resolución; mis tíos, que en su interior se regocijaban, fueron los primeros en declararse contra mí; solo en mi abuelo hallé bondad e indulgencia, aunque nadie sintió tanto como él la rotura de un casamiento que él había formado; ¡yo sufría mucho!; no ignoraba que la opinión pública me condenaba; ¡despreciar un partido tan ventajoso!, ¡tener el atrevimiento o romper un compromiso tan serio, tan adelantado, tan antiguo!, ¡dar un golpe mortal a mi familia! Esto pareció imperdonable; se dijo, desde luego, que yo era una mala cabeza (mis tíos y mis primas fueron los primeros en decirlo), que mi talento me perdía, y que lo que entonces hacía, anunciaba lo que haría más tarde, y cuánto haría arrepentir a mamá de la educación novelesca que me había dado. Mi padrastro fue entonces a Puerto Príncipe y se apuró la medida de mis sufrimientos.

Una especie de fatalidad que me persigue, hace que siempre se tomen circunstancias y casualidades funestas para hacer parecer más graves mis ligerezas; digo ligerezas, aunque ciertamente no creo lo fuese la de romper un compromiso que mi corazón reprobaba.

Circunstancias independientes de mí, enteramente independientes, originaron disgustos entre mi abuelo y mi padrastro. Éstos llegaron a ser tales, que mi abuelo salió de casa, donde vivía cuando no estaba en el campo, y se fue a la de uno de mis tíos. El público, que sabía la rotura de mi casamiento y no los disgustos posteriores que hubiera entre Escalada y mi abuelo, no dejó de declarar que mi abuelo salía de casa, altamente indignado conmigo. Mi tío y mis primas, que siempre vieron con envidia y temor la predilección que mi abuelo tenía por mamá y por mí, se aprovecharon de tenerlo en su casa para combatir dicha preferencia, haciéndole creer que era inmerecida. Pintóseme como una loquilla novelera y caprichosa; dijeron que mamá me perdía con su excesiva indulgencia y la libertad que me dejaba de seguir mis extravagantes y peligrosas inclinaciones; en fin, no desperdiciaron ningún medio para prevenir en contra de mamá y de mí al pobre viejo paralítico, que, sin vigor físico ni moral, era una cera a propósito para recibir todas las impresiones. ¡Consiguieron su objeto! Mi abuelo murió tres meses después de mi rompimiento y apareció un testamento, que anulaba el que había hecho a favor de mamá y de mí, dejando su tercio y su quinto a mi tío Manuel, en cuya casa murió.

Mi padrastro, para descargarse de la culpabilidad de ser causa de esta mudanza y de los perjuicios de mamá, pregonaba que por la incomodidad que le causara mi rompimiento, había mi abuelo dejado la casa y variado sus disposiciones a favor de mi tío, echando sobre mí la culpa, que solo él tenía. Mi tío y mis primas (que no me perdonaban el tener ningún mérito, ni aun después que me habían robado el afecto de mi abuelo), decían que el golpe mortal que yo le había dado al pobre anciano, había precipitado su muerte; en fin, todo el mundo decía que mi locura en romper el matrimonio había privado a mamá del tercio de mi abuelo y a mí misma de su quinto.

Yo tenía un alma superior a intereses de esta especie, y ¡sábelo Dios!, en las lágrimas que vertí, ninguna fue arrancada por el pesar de perder aquella codiciada herencia. Pero mi corazón estaba desgarrado por las injusticias de que era objeto. Yo tenía el íntimo convencimiento de que mi abuelo no se marchaba de casa por causa de mi rompimiento; sabía cuánta indulgencia y cariño había yo hallado en él después de aquella pretendida locura, que se decía haberle exaltado tanto; ningún remordimiento tenía de ser causa de su muerte; pero, no obstante, sentía que me agobiaba el dolor y el arrepentimiento. ¡Cuántas veces lloré en secreto lágrimas de hiel, y pedí a Dios me quitase la existencia, que no le había pedido, ni podía agradecerle! ¡Cuántas envidié la suerte de esas mujeres que no sienten ni piensan; que comen, duermen, vegetan, y a las cuales el mundo llama muchas veces mujeres sensatas! Abrumada por el instinto de mi superioridad, yo sospeché entonces lo que después he conocido muy bien: que no he nacido para ser dichosa, y que mi vida sobre la tierra será corta y borrascosa.

Faltaba una cosa para colmar la medida de mis pesares y la suerte no me la rehusó. Supe, sin poder dudarlo, que Rosa Carmona y Loynaz se amaban. Solo entonces comprendí los motivos de la anterior conducta de aquella falsa mujer, y el más profundo desprecio sucedió en mi corazón a una amistad indignamente burlada.

Estas fueron las primeras lecciones que me dio el mundo: esto encontré, cuando inocente, pura, confiada, buscaba amor, amistad, virtudes y placeres: ¡inconstancia! ¡perfidia! ¡sórdido interés! ¡envidia! Crimen, crimen y nada más. ¿Soy culpable, pues, de no amarle? ¿Puedo tener ilusiones?... Pero vivo como si las tuviera, porque el mundo, amigo mío, se venga cruelmente del desprecio que se le hace. Es preciso aparentar vida en la frente, aun cuando se lleve la muerte en el corazón.

Por la tarde

Mi única amiga era ya mi prima Angelita; era, como yo, lloraba un desengaño. Su marido, aquel amante tan tierno, tan rendido, se había convertido en un tirano. ¡Cuánto sufría la pobre víctima! ¡y con cuán heroica virtud! Mi cariño hacia ella llegó al entusiasmo y mi horror al matrimonio nació y creció rápidamente. Yo no trataba sino a mi prima, y aquella vida sedentaria, triste y contemplativa, alteró mi salud. Púseme tan delgada y enferma que, alarmada mamá, me llevó al campo. Allí pasé tres meses de soledad: soledad exterior y soledad del corazón; no me mejoré y volvimos a la ciudad. ¡Triste, muy triste fue aquella época de mi vida! Aún me aflige el recordarla. Tenía la esperanza de morir pronto, pero momentos tenía en que me parecían demasiado lentos los progresos de mi mal y sentía impulsos de apresurar yo misma su resultado; mis principios religiosos y el afecto entrañable que tenía por mamá y mi hermano sofocaban este impulso.

Mi padrastro tenía también una salud quebrantada, y lo atribuía al clima. Persuadiose que moriría, si no se venía a España, y como no aborrecía la vida como yo, determinó realizarlo. Este proyecto me sacó de mi desaliento; deseaba otro cielo, otra tierra, otra existencia; amaba a España y me arrastraba a ella un impulso del corazón. Disgustada de mi familia materna, anhelaba conocer la de mi padre, ver su país natal y respirar aquel aire, que respiró por primera vez. Tomé, pues, un empeño en decidir a mamá a establecerse en este antiguo mundo. Escalada, por su parte, usaba de toda su influencia a fin de determinarla, pintándole mil ventajas en el cambio. Pero mamá resistía apoyada por sus parientes.

A pesar de esto, Escalada vino a Puerto Príncipe y empezó a vender tierras y esclavos y a mandar sobre los bancos de Francia todo el numerario posible. Luego, creyendo más fácil decidir a mamá si la sacaba de su país y familia, le propuso ir a pasar algunos meses en Santiago de Cuba, donde estaba de guarnición su regimiento. Todos secundamos sus esfuerzos y lo conseguimos.

Sensible, más sensible de lo que yo creía me fue el arranque de mi país y la separación de mi prima; pero al llegar a Santiago los objetos nuevos me dieron nueva vida.

Santiago de Cuba es una ciudad poco más o menos como Puerto Príncipe y más fea e irregular. Pero su bellísimo cielo, sus campos pintorescos y magníficos, su concurrido puerto y la cultura y amabilidad de sus habitantes, la hacen muy superior bajo cierto aspecto. Tuve en aquella ciudad una aceptación tan lisonjera, que a los dos meses de estar allí ya no era una forastera. Jamás la vanidad de una mujer tuvo tantos motivos de verse satisfecha. Yo fui generalmente querida y obsequiada, y jamás podré olvidar los favores que he debido a los habitantes de Santiago. Entonces volví a tener gusto al estudio y a la sociedad.

Hice algunos versos, que fueron celebrados con entusiasmo; entregueme a las diversiones, en las cuales era deseada y colmada de obsequios. Usted supondrá que no me faltaron aspirantes: tengo algún orgullo en decirlo: los jóvenes más distinguidos del país se disputaban mi preferencia. Ninguno, empero, la consiguió exclusiva. Mi predilecto en un baile era el mejor danzador; en un paseo, el que montaba con más gracia un hermoso caballo; en tertulia, el que tenía más amena y variada conversación. Ninguna ilusión de amor tuve en Santiago, y, por consiguiente, no saqué de ella ningún desengaño. Acaso por esto la amo tanto.

Loynaz fue cuatro meses después que nosotros e intentó renovar sus pretensiones. Excusaba sus amores con Rosa diciendo que ella le había en cierto modo comprometido y me juraba que yo era su primero y único amor y que su viaje no tenía otro objeto que obtener mi perdón y reconciliarse conmigo. Yo no me negué ni a lo uno ni a lo otro: perdonele y lo otorgué mi amistad, pero fui inflexible respecto al amor.

Antes de volverse a Puerto Príncipe solicitó la promesa de seguir con él correspondencia por escrito y, mediante que prometió serían sus cartas meramente amistosas, condescendí a su demanda. En efecto, ambos seguimos dicha correspondencia con admirable exactitud hasta su muerte, acaecida a mediados del año de 37, cuando él cumplía las veinticinco de su edad y cuando ya estaba yo en España.

Mi padrastro supo aprovechar tan bien su ascendiente sobre mamá, y yo por mi parte lo secundé de tal modo, que al fin logramos determinarla a venir a España. El día 9 de abril de 1836 nos embarcamos para Burdeos en una fragata francesa, y sentidas y lloradas, abandonamos ingratas aquel país querido, que acaso no volveremos a ver jamás.

¡Perdone usted!; mis lágrimas manchan este papel; no puedo recordar sin emoción aquella noche memorable en que vi por última vez la tierra de Cuba.

La navegación fue para mí un manantial de nuevas emociones. «Cuando navegamos sobre los mares azulados —ha dicho Lord Byron— nuestros pensamientos son tan libres como el océano.» Su alma sublime y poética debió sentirlo así: la mía lo experimentó también. Hermosas son las noches de los trópicos, y yo las había gozado; pero son más hermosas las noches del océano. Hay un embeleso indefinible en el soplo de la brisa, que llena las velas ligeramente estremecidas, en el pálido resplandor de la Luna que reflejan las aguas, en aquella inmensidad, que vemos sobre nuestra cabeza y bajo nuestros pies. Parece que Dios se revela mejor al alma conmovida en medio de aquellos dos infinitos —¡el cielo y el mar!—, y que una voz misteriosa se hace oír en el ruido de los vientos y de las olas. Si yo hubiese sido atea, dejaría de serlo entonces.

También experimentamos tempestades, y puedo decir con Heredia:

Al despeñarse el huracán furioso,
al retumbar sobre mi frente el rayo
palpitando gocé...

Por fin, después de malos y buenos tiempos y de sentir todas las impresiones consiguientes a una larga navegación, el primero de junio saludamos con júbilo las risueñas costas de la Francia.

Los días que pasé en Burdeos me parecen ahora un lisonjero sueño. Abríase mi alma en aquel país de luces y de ilustración. No amé, no sufrí, apenas sé si pensaba. Estaba encantada y mi corazón y mis ojos no me bastaban. Fue forzoso dejar aquella seductora ciudad y no lo hice sin lágrimas.

Ningunas simpatías podía yo encontrar en Galicia, y viniendo de una de las primeras ciudades de Francia, la Coruña me pareció inferior a lo que realmente es, pues, hoy la creó una de las más bonitas poblaciones de España. Pero el carácter gallego me desagradaba y el clima me sentaba mal. Sin embargo, acaso me hubiese acostumbrado y se disiparía la primera impresión desagradable que sentí al llegar a ella, si motivos inesperados no me hubiesen dado, reales y positivos pesares. Adiós, hasta luego.

Por la noche

Mi padrastro se había manejado bien con nosotros hasta entonces: entonces se desenmascaró. Estaba en su país y con su familia, nosotros lo habíamos abandonado todo. Su alma mezquina abusó de estas ventajas.

No molestaré a usted con detalles enojosos de nuestra situación doméstica; bástele saber que no hubo pesares y humillaciones que yo no devorase en secreto. Mamá era muy infeliz, y yo carecía de fuerzas para sufrir sus pesares, aunque llevaba los míos con constancia. Mi hermano Manuel tuvo precisión de marcharse al extranjero; tan comprometido se vio por mi padrastro. ¡Oh!, sería nunca acabar, si quisiera contar por menor las ridiculeces, tiranías y bajezas de aquel hombre, que yo deseo y quiero respetar todavía como marido de mi madre. Dios lo sabe, y será algún día juez de ambos.

En aquella situación doméstica tan desagradable conocí a Ricafort y fui amada de él: también yo le amé desde el primer día que le conocí. Pocos corazones existían tan hermosos como el suyo: noble, sensible, desinteresado, lleno de honor y delicadeza. Su talento no correspondía a su corazón: era muy inferior, por desgracia mía. Conocí pronto esa desventaja: aunque generoso, Ricafort parecía humillado de la superioridad que me atribuía: sus ideas y sus inclinaciones contrariaban siempre las mías. No gustaba de mi afición al estudio y era para él un delito que hiciese versos. Mis ideas sobre muchas cosas le daban pena e inquietud. Temblaba de la opinión y decíame muchas veces: ¿qué lograrás cuando consigas crédito literario y reputación de ingenio? Atraerte la envidia y excitar calumnias y murmuraciones. Tenía razón pero me helaba aquella fría razón.

Aunque mostraba de mi corazón el concepto más elevado y ventajoso, no se me ocultaba que le desagradaba mi carácter, y me repetía que este carácter mío le haría y me haría a mí misma desgraciada. Yo me esforzaba en reprimirlo y sofocaba mis inclinaciones por darle gusto; pero esta continuada violencia me entristecía, y, notándolo él, se convencía de que no podría nunca hacerme dichosa. Sin embargo de todo esto, nos amábamos más cada día.

Mis pesares domésticos llegaron a afectarme tanto, que necesité desahogar mi pecho y se lo comuniqué: ¡nunca olvidaré aquel momento! ¡Yo vi sus ojos arrasados de lágrimas! Entonces, con aquel acento, que la falsedad no podrá nunca imitar, me rogó aceptase su corazón y su mano y le diese el derecho de protegerme y vengarme.

Muchos días vacilé: mi horror al matrimonio era extremado; pero, al fin, cedí: mi situación doméstica, tan insufrible, mi desamparo, su amor y el mío, todo se unió para determinarme, y cuando le dije que consentía en ser su esposa, tomé la resolución deconsagrar mi existencia a hacer la suya dichosa, y quitármela en aquel momento en que no pudiese llenar este objeto. Talento, placeres, todo se aniquiló para mí: solo deseaba llenar las severas obligaciones que iba a contraer y hacer cuanto en mi poder estuviese para aligerar a Ricafort las cadenas que le imponían. ¡Oh, Dios mío! ¿Por qué no pude hacerlo?... Tú sabes si eran puras mis intenciones y sinceros mis votos: ¿por qué no los escuchaste? Yo no aseguraré que hubiera amado siempre a Ricafort, porque ¿quién puede responder de su corazón?; pero cierta estoy de que siempre le habría estimado y que nunca le obligaría a maldecir el día en que se uniera a mi suerte, pues si no puedo responder de mis sentimientos puedo, por lo menos, responder de mis acciones. Pero nada de esto debía ser: la funesta debilidad de mi carácter debía trastornarlo todo.

Nuestra unión no pudo verificarse por de pronto. Él era altivo y yo también: ni uno ni otro queríamos depender de nuestras familias ni un solo día. Gracias a mi padrastro mis intereses estaban embrollados, y Ricafort no contaba sino con un sueldo mal pagado. Hice proposiciones racionales a mi padrastro, ¡que no las admitió!; solicité de la corte el derecho de mayoría, pintando mi situación excepcional, pero antes de obtener resultado fue depuesto Ricafort, padre, y el hijo tuvo orden de reunirse a su regimiento. Hice justicia al general: conocía su carácter y franqueza y no dudaba que hallaría en él un padre; pero yo tenía demasiado orgullo para entrar en su familia como una mendiga, y resolví no casarme hasta no poder aclarar mis intereses y decir a Ricafort cuáles eran éstos y la mayor o menor seguridad que presentaban.

En fin; después de muchas vacilaciones y penosas escenas, Ricafort marchó a su destino. Dolorosa me fue, muy dolorosa, esta separación, aunque estaba yo muy lejos de creerla eterna; pero, pasados los dos primeros meses, pensé mucho en las diversidades que existían entre Ricafort y yo, y me pregunté a mí misma si aquella superioridad, que él me suponía, no sería, tarde o temprano, un motivo de desunión, y reflexionando en las contras del matrimonio y las ventajas de la libertad, me di el parabién de ser libre todavía. Vino mi hermano por entonces a la Coruña... Mucho necesito ahora de la indulgencia de usted, querido amigo, porque me avergüenzo todavía de mi ligereza. Vino mi hermano y desaprobó mi unión. Representome la triste suerte de los militares en las actuales circunstancias;[3] hablome con entusiasmo de un viaje, que quería hiciésemos juntos a Andalucía para conocer la familia paterna (de la cual me hizo elogios, que hoy conozco inmerecidos) y de lo dichosa que sería yo con mi mayoría, pudiendo gozar una vida cómoda e independiente conforme a mis indicaciones; sobre todo, me dijo, y fue lo que más impresión me hizo, que, si me casaba con Ricafort y le seguía, nos separaríamos él y yo para siempre acaso. ¿Qué diré a usted para justificarme?... Nada, nada es bastante. Fui débil e inconsecuente. Marché con mi hermano a Lisboa: no he vuelto a saber de Ricafort.

3 Se refiere a la Guerra carlista que por entonces dividía a España. (N. del E.)

Si se exceptúa el dolor de la separación de mamá, puedo decir que dejé con placer Galicia. Eran muy pocas las personas que en ella me merecían algún afecto, y no ignoraba yo que tenía muchos enemigos: de este número eran todos los parientes de Escalada. Gracias al cielo, no podían herirme en mi honor por mucho que lo desearan, pero daban mil punzadas de alfiler a mi reputación bajo otro concepto. Decían que yo era atea, y la prueba que daban era que leía obras de Rousseau y que me habían visto comer con manteca un viernes. Decían que yo era la causa de todos los disgustos de mamá con su marido y la que le aconsejaba no darle gusto. La educación que se da en Cuba a las señoritas difiere tanto de la que se les da en Galicia, que una mujer, aun en la clase media, creería degradarse en mi país ejercitándose en cosas que en Galicia miran las más encopetadas, como una obligación de su sexo. Las parientas de mi padrastro decían, por tanto, que yo no era buena para nada porque no sabía planchar, ni cocinar, ni calcetar; porque no lavaba los cristales, ni hacía las camas, ni barría mi cuarto. Según ellas, yo necesitaba veinte criadas y me daba el tono de una princesa. Ridiculizaban también mi afición al estudio y me llamaban *la Doctora*. Una hermana de Escalada dio de bofetones a una criada de casa, porque, interrogada respecto a mí, en una casa en que ella había dado tan *brillantes* informes, tuvo la pobre mujer la extravagancia de decir que yo era un ángel, y que, lejos de ser imperiosa ni exigente en la casa, todas las criadas me querían por mis buenos modos.

Usted supondrá cuán poco sentiría dejar aquel país y si podré volver a él con gusto, aun cuando tenga la desgracia de que vuelva a él mi familia.

Luego que rompí mis compromisos y me vi libre, aunque no más dichosa, persuadida de que no debía casarme jamás y de que el amor da más penas que placeres, me propuse adoptar un sistema, que ya hacía algún tiempo tenía en mi mente. Quise que la vanidad reemplazase al sentimiento y me pareció que valía más agradar generalmente que ser amada de uno solo; tanto más cuanto que este uno nunca sería un objeto que llenase mis votos. Yo había perdido la esperanza de encontrar un hombre según mi corazón. No busqué ya, pues, ni amor ni amistad; deseaba impresiones débiles y pasajeras, que me preservasen del tedio sin promover el sentimiento. Sin embargo, no podía aturdirme por más que me esforzaba. Separada por primera vez de mamá, sin esperanza de volver a ver a Ricafort (al cual amaba aún), sintiendo más que nunca el vacío de mi alma, disgustada de un mundo que no realizaba mis ilusiones, disgustada de mí misma por mi impotencia de ser feliz, en vano era que quisiera aturdirme y sofocar en mí este fecundo germen de sentimientos y dolores.

Otro desengaño tuve, además, y no de los menos dolorosos. Yo amaba mucho a mi hermano; con él había llevado el desinterés hasta un grado que otros me vituperaron; con él había sido siempre afectuosa, condescendiente y delicada. Al verme sola con él por el mundo esperaba que su conducta conmigo correspondiese a la mía: ¡me desengañé muy pronto! Conocí que el hombre, abusa siempre de la bondad indefensa y que hay pocas almas bastante grandes y delicadas para no querer oprimir cuando se conocen más fuertes.

Hubiera yo querido mudar mi naturaleza. Creí que solo sería menos desgraciada cuando lograse no amar a nadie con vehemencia, desconfiar de todos, despreciándolo todo, desterrando toda especie de ilusiones, dominando los acontecimientos a fuerza de preverlos, y sacando de la vida las ventajas que me presentase, sin darles, no obstante, un gran precio. Yo me avergonzaba ya de una sensibilidad que me constituía siempre en víctima.

Más de un año hace que trabajo por conseguir mi objeto; no sé si será trabajo perdido. En este tiempo dos veces he contraído pasajeras relaciones; tan pasajeras, que una de ellas no duró quince días. Mi corazón no las formó; fue la cabeza únicamente, la necesidad de una distracción, el ejemplo de la sociedad en que vivía; nada más. Fueron empeños de sociedad más bien que de amor.

Bien en breve me fastidió, y rompí sucesivamente aquellos semiamores sosos con tanta ligereza como los había contraído. No hablaré del proyecto de mi tío Felipe de casarme en Constantina con un mayorazgo del país y de cómo mi hermano, que tan opuesto era a que yo me casase, tomó un empeño entonces a favor de mi novio. Esto, no merece mayores detalles, pues en nada ha influido semejante proyecto en mi corazón ni en mi destino. Pero debo extenderme más en la relación de un compromiso recientemente concluido y que usted no ignora. Es preciso no callar nada y que sepa usted los motivos que tuve para formarlo y para concluirlo. ¡Los motivos que tuve para formarlo! Embarazada me veré para decirlos. Mas no importa. Mi franqueza exige que los diga; la delicadeza de usted le ordena olvidarlos tan luego concluya de leer ésta.

Adiós; necesito un momento de descanso.

27 por la tarde

Al mismo tiempo que don Antonio Méndez Vigo empezó a obsequiarme dirigíame *otro* algunas atenciones. Este *otro* me agradaba más de lo que deseaba. Sentíame inclinada a él por una fuerza extraña y caprichosa y me estremecía al pensar que aún podía amar, tanto más cuanto que, creyendo entonces que existía una enorme diferencia entre los caracteres e inclinaciones de aquel dicho sujeto, yo preveía en un nuevo amor un nuevo desengaño. Sin embargo, un instinto del corazón parecía advertirme que era llegado el momento en que debía expiar mis pasadas inconsecuencias y, sin saber por qué, me sentía dominada.

Sé cuánto más fuerte se hace una inclinación combatida y no quise combatir la mía; pero no quise tampoco entregarme a ella exclusivamente, porque temía se hiciese de este modo omnipotente. Era, pues, preciso oponer la vanidad al sentimiento y distraer con pasatiempo el interés demasiado vivo que sentía. Prescindo de todo para ser sincera. No me juzgue usted, ¡por Dios!, con severidad.

El hombre que me interesaba se desviaba de mí y el que no me agradaba redoblaba sus atenciones y asiduidades. El primero me causaba con su influencia en mi corazón serias inquietudes y me picaba con su indecisión; el segundo, me lisonjeaba yme divertía con su amor de niño y me parecía bien poco peligroso.

Hice lo que me pareció más conveniente a mi tranquilidad y lo que supuse de menos consecuencia. Admití los afectos del uno y procuré sofocar los que el otro me inspiraba. ¡Ya está dicho todo! Ahora olvídelo usted.

No disimularé que el candor de mi joven amante, su amor entusiasta y mil prendas apreciables que descubría en él llegaron a conmoverme. ¡Pobre niño! ¡cuánto me ha amado!; ¿por qué este caprichoso corazón no supo corresponder dignamente?... ¡No lo sé!

Me inspiraba un afecto sin ilusiones, sin calor; un afecto indefinible, que algunas veces me parecía debía semejarse al que una madre siente por su hijo; no se ría usted de esta comparación. ¿En qué consistía que ese joven no me produjese otra clase de amor? Yo no podré decirlo, porque no lo sé a fe mía. No es mal parecido, ni tonto. Usted lo sabe, y aún puedo decir que existen ciertos puntos de simpatía entre nuestro modo de sentir, pero él me amaba a mí como yo amaría si encontrase un hombre según mis deseos. Pero él no era este hombre; en vano me esforzaba, y a fuerza de decirle que le amaba quería persuadírmelo a mí misma; en vano me reprochaba de caprichosa e ingrata interiormente; ¡en vano! Confesaré a usted lo que entonces no quería confesarme a mí misma: al lado de aquel joven sentía momentos de insoportable tedio, y sus expresiones más apasionadas hallaban frío mi corazón y me producían a veces un no sé qué de hastío.

¡Era esto un capricho inexplicable del corazón, porque yo le quería! ¡Sábelo Dios! Yo le quería, repito, pero no podré, sin desmentir mi íntimo convencimiento, decir que le amaba. No puedo explicar esta diferencia, pero la concibo perfectamente.

Estaba él demasiado enamorado para limitar sus deseos a unas sencillas relaciones, pasajeras sin duda. Quiso arrancarme la promesa de que sería su esposa, y absolutamente la rehusé. Manifféstele mi repugnancia al matrimonio, y tampoco le oculté que mi amor no era de naturaleza tal que me inspirase el deseo de ser suya. Llamome mujer original, fría, sin corazón. ¡Cuántas lágrimas! ¡Cuántas reconvenciones!

Yo hubiera roto con él, si la compasión no me hubiese inspirado esperar para hacerlo que se pasase, como no dudaba sucedería, esa exaltación de amor, que entonces le poseía. Le vi padecer tanto, que me conmoví, y como se ofrece la Luna a un chiquillo, que llora por ella, le ofrecí yo a él que sería suya algún día.

Una bagatela le indispuso luego con mamá, y le trataba ésta con tal esquivez y aun, desatención, que, ofendida yo, le prohibí, por su propio decoro, venir a casa en algunos días, para que se calmase mamá y hacerla yo entender lo desatenta que estaba con él por un motivo tan pueril. El pobre muchacho creyó ya que no volvería a verme; qué sé yo lo que pasó en aquella cabeza. Lo cierto es que hizo mil locuras irreparables. Después de algunos días de afán y mortal inquietud, que mis cartas tiernas no podían calmar, cometió la imprudencia de hablar a su padre y escribir a mi hermano, diciendo el deseo y resolución que tenía de casarse conmigo, sin haber consultado antes mi voluntad, acaso porque dudaba de ella.

Interrogada por mi familia, desde luego declaré seriamente que no pensaba en semejante matrimonio, y mi hermano se lo escribió así a Méndez Vigo.

¡Entonces fue Troya!; no molestaré a usted con pormenores enfadosos. El pobre chico creo que se trastornó, pues entre mil disparates que dijo e hizo, me escribió una carta (que conservo como casi todas las suyas) en la que me juraba se daría un pistoletazo si no me casaba con él antes de tres meses.

Temí cualquier cosa de él, mucho más cuando supe que andaba llorando en los paseos y cafés como un loco; tuve, pues, a su situación todas las consideraciones que exigía, le escribí cartas llenas de ternura y le ofrecí que sería suya más tarde.

Pero nada bastó; no sé qué espíritu maligno se había apoderado del pobre joven. Saben sus amigos hasta qué punto se extraviaba por momentos su razón.

La piedad tal vez me hubiera determinado a casarme con él (a pesar que menos que nunca me inspiraba aprecio ni confianza aquel carácter tan débil y aquella cabeza tan frágil), si el orgullo de mi nombre no me lo hubiera absolutamente prohibido.

El padre de ese joven, que, según tengo entendido, es responsable a su hijo del dote considerable que le llevó su primera esposa (y que sin duda no deseaba desposesionarse de él, como tendría que hacerlo casándose su hijo), dijo que no aprobaba su matrimonio sino dentro de tres años, pues aún era muy joven para contraer tan serio empeño. En consecuencia a esta manifestación, rehusó venir a pedir mi mano, como parece quería su hijo, y éste le amenazó con que pediría al jefe político la licencia que él le negaba. Todo esto pasaba sin que yo supiese nada, ni remotamente lo sospechase. ¡Puede usted figurarse mi indignación a la primera noticia que llegó a mis oídos! Se apuró mi sufrimiento y rompí enteramente con el imprudente joven, escribiendo al padre una carta en la cual le manifestaba que jamás había tenido la intención de casarme con su hijo ni con su aprobación ni sin ella. Por tanto, debía mirar con locuras del joven todos los pasos que hubiese dado con este objeto y le aconsejaba y rogaba le mandase a viajar para distraerle.

Pocas personas sabrán en Sevilla estos pormenores, pero muchas han sido conocedoras de su desesperación y de los reproches que me dirigía en su exaltación. Así es que, por una fatalidad de mi estrella, siempre o me condenan las apariencias, o se me juzga sin comprender mis motivos. Yo sé que se me censura haber jugado con la sensibilidad de ese joven y se me tacha de inconstancia y coquetería. ¡Ya usted conoce mi culpa!; no he tenido otra, sino entablar (como hacen todas en Sevilla) unas relaciones que suponía ligeras y sin consecuencias de ninguna especie; ¡ésta es toda mi culpa, y sabe Dios cuánto me he arrepentido de ella! Si después no pude resolverme a sacrificar mi libertad y mi delicadeza casándome con él sin la pública aprobación de su padre, ciertamente no merezco por ello censura, y sería muy despreciable a mis ojos si hubiera procedido de otro modo. La pasión no me haría faltar a mi decoro entrando a la fuerza en una familia; ¡cuánto menos la compasión!

Marchose, por fin, Antonio y yo respiré, pareciome ver la luz después de una larga prisión o lanzar un peso enorme largo tiempo sostenido.

Lo confieso: quedé cansada de amor; aquel amor delirante y frenético, del que yo no había participado, me causaba fatiga.

Por eso, me fijé más que anteriormente en mi sistema de no amar nunca. He jurado no casarme nunca; no amar nunca, y aún me propongo ya abjurar también todo empeño, aun los más sencillos y pasajeros. Un mes después de la marcha de Méndez Vigo volvió usted.

¡Está concluida mi historia!; pensé antes no haberla escrito sino en ausencia de usted, porque quería entablar con usted correspondencia, pero luego varió de idea porque no pienso ya que debemos iniciarla.

Nada más me resta que decir, caro amigo; ahora recuerde usted mis condiciones. Este original será reducido a cenizas tan luego sea leído, y nadie más que usted en el mundo, sabrá que ha existido.

Adiós; no, sé cuándo nos veremos y podré dar a usted este cuadernillo.

Acaso con él voy a disminuir la estimación con que usted me favorece y a debilitar su amistad; ¡no importa! ¿Debo sentir el dar armas a usted para combatir una amistad que acaso conviene a ambos deje de existir? Yo seré siempre *amiga* de usted aun cuando no exista *amistad* entre nosotros. Es decir, le estimaré a usted aun cuando cese de manifestárselo.

Adiós, querido mío; sacuda usted esa melancolía que me aflige. Créame usted: para ser dichoso modere la elevación de su alma y procure nivelar su existencia a la sociedad en que debe vivir.

Cuando la injusticia y la ignorancia le desconozcan y le aflijan, entonces dígase usted a sí mismo: existe un ser sobre la tierra que me comprende y me estima.

Sí, creo comprender a usted y estimarlo ¡si me engañase! ¡si fuese usted otro de lo que yo le creo!... sería un desengaño más ¡y qué importa uno más a la que ha sufrido tantos!

P. D. He leído ésta y casi siento tentaciones de quemarla. Prescindiendo de lo mal coordinada, mal escrita, etc.; ¿debo dársela a usted? No lo sé; acaso no. Ciertamente, no tengo de qué avergonzarme delante de Dios, ni delante de los hombres. Mi alma y mi conducta han sido igualmente puras. Pero tantas vacilaciones, tantas ligerezas, tanta inconstancia, ¿no deben hacer concebir a aquel a quien se las confieso un concepto muy desventajoso de mi corazón y mi carácter?

¿Debo tampoco descubrir los defectos de personas, que me tocan de cerca, como lo hago?... No, ciertamente; no debo. Para resolverme a dar a usted este cuaderno es preciso que le estime a usted tanto, tanto, que no lo crea un hombre, sino un ser superior.

No sé, pues, qué hacer; lo guardaré y seguiré, para darlo o quemarlo, el impulso de mi corazón cuando vea a usted por primera vez.

Amor que nace

Carta I

Amado amigo: antes de anoche te dije que había enviado a tu casa un libro y no pude añadir, por los testigos que había, que dicho libro era, como lo es el que hoy te mando, un pretexto para escribirte, sin que el portador se haga cargo. La fatalidad hizo que no te encontrase en tu casa el mensajero y rasgué la carta en un momento de impaciencia contra la mala suerte, que la hizo volver por dos veces a mis manos, cuando la suponía en las tuyas.

Nada, empero, contenía dicha carta de importante; era solamente la expresión de mi tristeza en varios días que no te veía, y una proposición que ahora voy a repetir en pocas palabras. Veremos si te agrada.

Pronto vas a graduarte, y creo que saliendo de eso podrás verme con más frecuencia; aun antes de graduarte nos hemos de ver algunas veces, porque, ¿cómo vivir así, querido amigo? ¿quién tiene resistencia? La mía comienza a faltarme, no obstante todos mis propósitos. He pensado, pues, que debemos convenir en una cosa, y es que siempre que tú vengas y esté yo sola, aprovechemos tales momentos para realizar un deseo que tengo hace mucho tiempo y que es el de leer contigo alguna obra interesante. Aun estando mamá, podemos, si nos agrada, entretener un rato en la lectura, pues ningún inconveniente veo en ello, si a ti no te desagrada mi proyecto. Con este objeto he hecho una lista de algunas obras de mi gusto, que voy a nombrarte para que tú escojas la que te parezca y me lo digas. Yo la tendré en casa inmediatamente y la comenzaremos en la primera oportunidad.

¡Qué placer presiento, mi dulce amigo, en leer contigo una obra interesante!

En primer lugar, porque quiero que conozcas al primer prosista de Europa, el novelista más distinguido de la época. Tengo en lista *El pirata*, *Los privados rivales*, el *Wawerley* y *El anticuario*, obras del célebre Walter Scott.

Seguidamente, *Corina o Italia*, por madame Staël. Novela descriptiva del más hermoso y poético país del mundo, y hecha esta descripción por la pluma de una escritora cuyo mérito conoces. Además, han dado algunos amigos en decirme que hay semejanzas entre yo y la protagonista de esta novela, y deseo por eso volver a leerla contigo y buscar la semejanza que se me atribuye con ese bello ideal de un genio como el de la Staël.

Sigue *Atala*, del inmortal y divino Chateaubriand, porque sé que te agradan todas las escenas de la naturaleza, todos los *corazones primitivos*; en fin, el hombre en su estado normal; y esta linda obra te satisfará.

Luego, las poesías de Lista, Quintana y Heredia, porque, como dice uno de estos poetas:

> ...Verás la poesía,
> del corazón y mente descendiendo,
> al corazón y mente arrebatarse.

Ésta es mi lista; escoge tú la obra que mejor te parezca y avísamelo. Verás qué placer gozamos en los momentos que pasemos juntos. A tu elección dejo también tus visitas a casa, pero no quiero que dejemos de vernos por ningún motivo... Leeremos juntos. ¿No es éste un placer? Adiós, mi bien.

Carta II

Hasta hoy, que vino el correo general, no se me ha traído tu carta, y para que ésta no duerma hasta el miércoles en la estafeta, determino enviarla directamente a tu casa.

Cuando antes de anoche me dijiste que mandase al correo, porque me habías escrito, te olvidaste advertirme que la carta venía a mi nombre y no al adoptado en nuestra correspondencia. Así, aunque ayer mandé, no me la trajeron, porque la persona encargada buscó doña Amadora de Almonte y no mi nombre. En fin, ya está en mis manos esta querida carta.

¡Una vez por semana!... ¡Solamente te veré una vez por semana!... Bien; yo suscribo, pues así lo deseas y lo exigen tus actuales ocupaciones. Una vez por semana te veré únicamente; pues señálame, por Dios, ese día tan feliz entre siete para separarle de los otros días de la larga y enojosa semana. Si no determinases ese día, ¿no comprendes tú la agitación que darías a todos los otros? En cada uno de ellos creería ver al amanecer *un día feliz*, y después de muchas horas de agitación y expectativa pasaría el día, pasaría la noche, llevándose una esperanza a cada momento renovada y desvanecida, y solo me dejaría el disgusto del desengaño. Dime, pues, para evitarme tan repetidos tormentos, qué día es ese que debo desear: ¿será el viernes? En ese caso comenzaremos por hoy; si no, será el sábado: ¿qué te parece? elige tú: si hoy, lo conoceré viéndote venir; si mañana, avísamelo, para que no padezca esta noche esperándote. En las restantes semanas ya sabré el día de ella, que tendrá para mí luz y alegría.

Ya lo ves...; me arrastra mi corazón. No usar contigo el lenguaje *moderado* que deseas y empleas; pero en todo lo demás soy dócil a tu voz, como lo es un niño a la de su madre. Ya ves que suscribo a no verte sino semanalmente. Pero, ¿no irás al Liceo?, ¿ni al baile? Para decidirte, ¿no será bastante que yo te asegure que no habrá placer para mí en éstas diversiones si tú no asistes?

No debes tener en casa menos *confianza* que en la de Concha, y puedes venir con capa o como mejor te parezca; pero si absolutamente no puedes tener esta confianza en casa, dime dónde quieres que te vea; en casa de Concha o donde tú designes y no me sea imposible, allí me hallarás.

Debes gozarte y estar orgulloso, porque este poder absoluto que ejerces en mi voluntad debe envanecerte. ¿Quién eres? ¿Qué poder es ése? ¿Quién te lo ha dado? Tú no eres un hombre, no, a mis ojos: eres el ángel de mi destino, y pienso muchas veces al verte que te ha dado el mismo Dios el poder supremo de dispensarme los bienes y los males que debo gozar y sufrir en este suelo. Te lo juro por ese Dios que adoro, y por tu honor y el mío; te juro que mortal ninguno ha tenido la influencia que tú sobre mi corazón. Tú eres mi amigo, mi hermano, mi confidente, y, como si tan dulces nombres aún no bastasen a mi corazón, él te da el de su Dios sobre la tierra. ¿No está ya en tu mano dispensarme un día de ventura entre siete? Así pudieras también señalarme uno de tormento y desesperación y yo le recibiría, sin que estuviese, en mi mano evitarlo. Ese día, querido hermano mío, ese día sería aquel en que dejases de quererme; pero yo lo aceptaría de ti sin quejarme, como aceptamos de Dios los infortunios inevitables con que nos agobia.

No me hagas caso; tuve jaqueca a media noche y creo que me ha dejado algo de calentura. Mi cabeza no está en su ser natural.

Hay días en que está uno no sé cómo; días en que el corazón se rompería si no se desahogase. Yo tenía necesidad de decirte todo lo que te he dicho; ahora ya estoy más tranquila. ¡No me censures, por Dios!

Carta III

Caro amigo: aprovecho la visita que ha venido a hacerme una de mis antiguas criadas, menos torpe de las que tengo actualmente, para ponerte estas líneas encargándole llevártelas.

No irás al baile, ya lo sé, y no quiero infringir mis propósitos importunándote con objeto de verte en él. Pero como deseo contarte qué tal estuvo y lo que hice, y lo que vi, y lo que hablé... todo. Como deseo referirte las personas que estaban, los trajes de las señoras, en fin, todo, todo, como ya dije, espero que tú tengas también alguna curiosidad de saberlo y te invito (sin comprometerte) a que vengas mañana por la noche.

El baile, según parece, no estará demasiado concurrido, pues anoche mismo vimos despachando en el teatro billetes sueltos, y se nos dijo que había sido preciso hacerlo porque no había más que cuarenta y cuatro suscriptores. Pero si tú estuvieras, ¿no estaría harto concurrido para mí?... ¡No será! ¡paciencia! Voy adquiriendo contigo una resignación admirable, de la que no me creía capaz; porque, a la verdad, vida mía, puedo muy bien decirte aquel verso de una comedia de Moreto:

¡Qué tibio galán hacéis!

Y, sin embargo, yo sufro todo con un estoicismo heroico. ¿Sabes que a veces me pregunto a mí misma ¿por qué he de querer un hombre tan poco complaciente, tan poco asiduo, tan poco apasionado como tú? Me lo pregunto y no alcanzo respuesta de mi pícaro corazón, tan caprichoso. Pero no es verdad. Él me responde siempre satisfactoriamente y me dice que te ama, porque eres bueno, noble, sincero, porque eres el mejor hombre del mundo y es justicia amarte cuando se ha tenido la dicha de conocerte.

Ya lo ves: aunque mis cartas comiencen algunas veces amargas o festivas, siempre las concluyo más tiernas que debieran ser y tú abusas, ingrato, de esta ternura para hacer cuanto se te antoja y nunca lo que yo deseo. Ya me las pagarás el día en que yo esté de humor de hacerte desesperar, digo, si acaso tú te desesperas por alguna cosa... Vaya esta heridita entre tantas flores como te prodigo, porque a fe mía que no mereces tanta bondad. Adiós.

Carta IV

Voy a probarte que no soy tan dócil, como anoche me reprochaste, a tu antigua orden. Voy a saludarte con la pluma, ya que verbalmente no puedo hacerlo hoy. ¡Vida mía, qué mala noche he pasado, qué mala estoy, qué triste!... No tengo vida sino para amarte; para todo lo que no es tu amor estoy insensible. Ni me agrada escribir ni leer, ni bordar, ni la calle, ni mi casa. Si algún talento he tenido, creo positivamente que lo he perdido ya, porque me encuentro lo más necia y fastidiada. He leído no sé dónde:

> Un momento ha vencido
> mi audacia imprudente,
> esta alma tan soberbia...
> ¡Vedla ya dependiente!

Yo he mandado siempre en mi corazón, en mis acciones con mi entendimiento, y ahora mi entendimiento está subyugado por mi corazón, y mi corazón por un sentimiento todo nuevo, todo extraordinario. ¡Posible es, Dios mío, que cuando yo me creía libre ya del dominio del amor, cuando me persuadía haberle conocido, cuando me lisonjeaba de experta y desilusionada, haya caído como una víctima débil e indefensa en las garras de hierro de una pasión desconocida, inmensa y cruel! ¡Posible es que yo ame ahora con el corazón de una niña de trece años! ¿Qué es esto que por mí pasa, qué es esto que siento? Dímelo, dímelo, porque yo no lo sé. Es harto nuevo para mí, te lo juro. Y yo he amado antes que a ti; he amado, o lo he creído así, y, sin embargo, nunca, nunca he sentido lo que ahora siento. ¿Es amor esto? No, hay algo más, no es amor solamente. Es el infierno que se ha venido a mi corazón. ¡Qué feliz era!... ¡cuán tiernamente te amaba! ¡los ángeles me envidiarían! Y ahora, cuán desgraciada; ¡cuánto sufro, cuánto, querido mío! ¿Y por qué?, ¿qué ha sucedido?, ¿qué cosa me atormenta? Nada, yo no lo sé. ¿Es acaso que Dios castiga el exceso de amor haciéndole un martirio? ¿Es que el corazón humano es estrecho y se rompe cuando está demasiado lleno? ¿Es un presentimiento de desgracia? ¿Es una plenitud de felicidad? ¿Es un defecto de mi organización o una inconsecuencia de mi espíritu? Yo no lo sé, pero estoy abatida, padezco, soy desgraciada.

No te pido que vengas a menudo, no; ni aún el lunes como has ofrecido. Mejor será más tarde, el martes, el miércoles, el jueves... en fin, cuando yo esté menos triste que ahora, porque tu presencia tan cara, tan deseada antes, ahora aumentaría mi tristeza. ¡Cuidado, cuidado!..., ten cuidado de mi corazón, tenlo... mira que puedo morir. Tú no sabes, no puedes saber que puedes matarme, no lo sabes. Pues bien, acaso te es muy fácil. Si quieres mi vida, si quieres conservar a tu amiga, cuídala, dale tranquilidad, dale sosiego. Yo conozco que eres más prudente que yo, y me acuerdo que alguna vez me has pedido *paz y olvido*. Olvido, no; pero paz yo quiero dártela y quiero tenerla. Tú tenías razón, la tenías. ¡Paz, sí, paz!, yo la necesito como tú y como tú la demando. De hoy en adelante, de común acuerdo, nos daremos paz, bien mío. ¡Desgraciados los que quieren apretar el corazón hasta romperlo!; los que dan impulso a una máquina sin saber si tienen fuerzas para detenerla cuando quieren. Es santa, es sagrada la vida del corazón y nos empeñamos en gastarla. ¡Porque todo se gasta, todo! Hoy no puedo resistir mi corazón; ¡me ahoga!, mañana acaso estará parado y frío. ¡Nada es inexhausto! Se deben respetar los sentimientos y se debe temerlos. Ellos pueden dar la dicha o la desgracia. Tú no querrás darme sino felicidad. Si para dármela antes bastábate amarme; para dármela al presente es preciso más. Es preciso que compadezcas, y acaso... acaso, que dejes de verme. ¡Cuánto me cuesta decírtelo!; rompe ésta y adiós.

Amor que resplandece

Carta V

A la una de la noche

No robaré sino un momento de estas horas que consagras al estudio; solamente un momento y por favor perdóname. Acabo de leer tu carta y me es imposible dormir esta noche sin decirte que eres un ángel y yo... una loca. Mira, lloro y lloraré muchos días mi conducta de esta noche; ¡perdón! Yo debí conocer que las pueriles arterías que acaso se usan con razón y utilidad con hombres vulgares no debían emplearse con un corazón, con un carácter tan superior como el tuyo. Yo debí conocer que una ruin venganza era indigna de ti y de mí; ¿qué podré decirte? Tú no sabes aún cuán frívola, cuán loca he sido, porque acaso te habrás creído que el deseo de ver la comedia o complacer a N., como te dije, me impulsaba a ir al teatro. Lo habrás creído y me juzgarás pueril solamente, ¡ah!, soy más: soy injusta, suspicaz, orgullosa, neciamente orgullosa y vengativa. He ido al teatro y estaba resuelta a ir aunque lloviesen rayos, porque estaba incomodada, ofendida; porque soy tan loca que me llené de sospechas al saber que no estabas en tu casa cuando mandé mi carta; porque cuando vi que viniste de tarde a casa me figuré que lo hacías para poder retirarte temprano y marcharte a otra parte; porque hubo un momento en que me atreví a decirme a mí misma: «Ese hombre no me ha amado nunca y solo ha querido aprovecharse del afecto que conoció me inspiraba». Y a esta terrible sospecha mi orgullo me dictó mil necedades. Aún hay más, cuando bajé y te dije que iba al teatro me enfadó la frescura conque lo oíste. Yo deseaba que te incomodases, que te quejases, que te dieses por sentido. Tu frialdad me pareció una prueba de indiferencia, y la oposición que hiciste a ir al teatro fue en mi concepto una consecuencia de tu resolución de hacer alguna otra visita en esta noche. Yo hubiera sido feliz si me hubieses dicho: *yo no quiero que vayas a la comedia*. Esto deseaba... ¡ves cuán loca soy!, y por mucho que quise disimular mi incomodidad creo que tú debiste conocerla. El ver que te quedaste en el teatro disipó una parte de mis inquietudes, y tu carta... ¡bendita sea!, tu carta me ha hecho conocer cuánto es tu corazón más tierno, más confiado, más hermoso que el mío; me ha hecho conocer que soy más ligera que una niña, más injusta que la mujer más inferior, y que tú eres siempre tierno y sincero. Es verdad que yo amo con más vehemencia, más exclusivamente que tú, pero me aventajas en que amando menos sabes amar mejor. Tu ternura sufrida, confiada, sublime en su nobleza, vale más que mi amor de fuego, injusto, sospechoso y tirano. Ya estoy arrepentida y te pido perdón, jurándote por la memoria de mi padre y por la de tu madre que jamás volveré a incurrir en semejantes necedades. ¿Me perdonas, no es verdad?; porque tu alma, llena de nobleza, debe estar también llena de indulgencia. En lo sucesivo manda, dispón, yo quiero obedecerte en todo, y tú obra libremente, porque todo lo que hagas será bueno y justo. ¿Lo oyes?

Ven cuando puedas, yo no te exigiré nada; pero cuando te vea dime que me perdonas y déjame besar tu mano; ¡tu mano querida que esta noche no quise acercar a mis labios! Adiós; tengo tu carta aquí sobre mi corazón. Yo no debí esperar otra cosa de ti; esta carta no debe admirarme. Y bien. ¡Tú eres mi amigo, mi hermano, mi ídolo!... Nada tengo que temer de ti y mi sola obligación es adorarte. Adiós.

Carta VI

Perdóname que robe un momento a tus estudios con algunas líneas, acaso inoportunas. Ya te lo he dicho otras veces, que no soy una de esas mujeres razonables que inspiran admiración al hombre que aman por lo muy sensato de sus procederes. Yo soy incapaz de cierta prudencia, verbigracia, dejar de escribirte hoy; mi corazón es como un niño que no sufre contradicción, y aunque yo misma me llame, al tomar la pluma, importuna, antojadiza o indiscreta, no puedo resistir al deseo de contarte..., ¡qué cosa!..., ¿acaso un acontecimiento importante? ¿Una aventura singular? Nada de eso: lo que tengo que contarte es... ¡un sueño! No te burles ni me creas pueril. Por desgracia has formado un tan alto concepto de mí, que para no desmentirlo casi me veo precisada a ocultarte lo que realmente siento. Un ejemplo: me dices que no debo ser celosa, porque tengo demasiado talento, y que con celos me pongo al nivel de las mujeres vulgares. De este modo, por no rebajar *mi sublimidad a tus ojos*, me siento impulsada a devorar en secreto mis tormentos. Ahora del mismo modo; al ceder al deseo de contarte mi sueño casi me avergüenzo, pensando que voy a parecerte muy inferior a la sublime idea que de mí te has formado.

¡Ve, pues, si es desgracia para una mujer que se tenga de ella un alto concepto! ¿Pero por qué lo has de tener? ¿No te he dicho yo misma que no hallarás en mí una de esas mujeres que yo admiro sin comprenderlas, de esas que son tan razonables, tan sensatas, tan superiores a las debilidades y caprichos del corazón, que ni sienten celos ni sueñan cosas que les causen una viva impresión y que no pueden callar? Yo te he dicho que soy como Dios me ha hecho y no como yo quisiera ser, y no es culpa mía si no me hallas tan sublime como te has figurado, porque se te antojó figurártelo. ¡Mi talento! ¡Ah! ¿Crees tú que el talento sea un antídoto contra la sensibilidad? ¿Te parezco una mujer vulgar cuando me siento morir a la espantosa idea de que otra mujer, acaso indigna de una mirada tuya, reciba tus caricias, tus expresiones de amor? ¿Me rebajo a tus ojos cuando recelo y tiemblo de ver profanado el objeto de mi culto y de mi idolatría?

Los tibios no temen:
¡infelices ellos!...

Ha dicho un gran poeta; y los poetas, en punto a sentimiento, nunca se engañan.

Yo nunca he sido celosa, nunca, pero era porque no amaba; porque a ti, a ti estaba reservado hacerme conocer esta pasión única, que yo me engañé alguna vez creyendo sentir por otro, y a ti que amo tanto estaba reservado también hacerme celosa. Pero, ¿no comprendes tú mis celos? ¿No sabes tú lo que eres a mis ojos? Rodeado estás para mí de una atmósfera de... ¿de qué diré? ¡de santidad! Sí, perdóneme Dios si esta palabra le ofende. Creo que eres sagrado, que nadie sino yo tiene el derecho de mirarte, de amarte, de decírtelo. Cuando una mujer ama, como yo te amo, no ve un hombre en su amante; ¡no!, es un ángel, es un ser divino en cuya frente cree descubrir un sello de santidad. ¡Oh!, desgracia al hombre que echa lodo sobre este sello sagrado, y que dice a su amada: yo no soy más que un hombre. Yo tengo celos, sí, pero antes que tú me lo dijeras no se me ocurrió la idea de que por ellos me rebajase a tus ojos. Una mujer vulgar no ama como yo, ni tiene celos como yo. Una mujer vulgar celaría en ti su novio, yo celo mi ídolo, mi Dios, que tiemblo ver profanado.

Pero aun cuando sea una debilidad de mi corazón este sentimiento, hágame él menos sublime, hágame más vulgar, yo no puedo vencerle. Yo seré sublime en amarte, y esto me basta. Porque yo te amo con un amor que tú mismo no comprendes: ¡yo lo he conocido! No lo comprendes, no. Este culto de mi corazón, esta pasión pura, inmensa, tu corazón no la ha entendido. Yo misma temblaba llegar a amar con todas las fuerzas de mi alma; como que conocía sus inmensas facultades, conocía mi natural tendencia al entusiasmo y me figuraba una gran pasión combates continuos, ambición insaciable del corazón, agitación, delirio y penoso esfuerzo de la razón contra el sentimiento. ¡Cuán feliz soy al ver que me engañaba! Yo te amo, te adoro, y, sin embargo —¡el cielo, me es testigo!—, nunca he sentido mi alma tan llena y satisfecha. Si se exceptúa el disgusto de verte tan de tarde en tarde y de cavilar en esos amores que tuviste, y acaso tienes aún, si se exceptúa eso nada me agita y soy feliz.

Desde el momento en que me dijiste que me amabas y yo te abrí mi corazón, desde aquel momento, que tanto había temido, cesaron todos mis sobresaltos, todas vacilaciones. Me sentí feliz y lo soy cada día más. No, yo no deseo más, yo renuncio a toda otra felicidad. ¿Cuál es superior a la de amarte y ser amada de ti? ¿Me creerás empero, si te digo que con todo este amor yo no deseo inspirarte eso que los hombres llaman pasión? No, yo quiero que me ames con extremo, con vehemencia, como yo te amo, pero no quiero que tu amor difiera del mío. Creo que me entenderás; una queja me has dado anoche que me fue dolorosa. Por Dios, no des motivo de que vuelva a tenerla. Tú no me has conocido, tú no has comprendido mi amor. Yo quiero tu corazón, tu corazón sin compromisos de *ninguna especie*. Soy libre y lo eres tú; libres debemos ser ambos siempre, y el hombre que adquiere un derecho para humillar a una mujer, el hombre que abusa de su poder, arranca a la mujer esa preciosa libertad; porque no es ya libre quien reconoce un dueño. Si el mundo fuese más puro, más santo, si volviésemos a la edad de inocencia en que este mundo viejo y corrompido era aún joven y puro, entonces yo no sé cuáles serían mis opiniones; pero hoy día que el hombre que es amado con idolatría, con veneración, puede hacerse culpable de egoísmo y crueldad cuando se reviste con el derecho de superioridad. ¿Y qué mayor superioridad que la de ser árbitro del destino de otro? ¡Creo que me comprenderás!: yo no estaría tranquila si no te dijese que *no me has comprendido*, y que yo sería despreciable a mis propios ojos si la pureza de mi corazón no justificase la demasiada franqueza que contigo me permito. ¡Dios mío!, y has creído... basta. ¡Mi sueño ahora! Atención.

He soñado anoche que hoy, mientras yo estaba en el teatro, recibías una visita muy interesante. En el sueño te veía lleno de remordimientos decir mientras pasabas muy agradable la noche: ¡Pobre Tula!; ¡y ella creerá que no voy al teatro por estudiar!... Este sueño, como soy supersticiosa, me tiene emocionada. Sin embargo, nada exijo para tranquilizarme. Sabes que no quiero las cosas sino libre y espontáneamente. Lo que se pide ya no es voluntario. Adiós.

Carta VII

No me será posible decir verbalmente nada de tu carta porque ya me conoces: soy propensa a conmoverme hablando de los objetos que me interesan. Prefiero tomar la pluma para darte las gracias por la pura alegría que me has hecho sentir con tu carta tierna, entusiasta y lisonjera.

¡Yo la acepto!, yo acepto esa amistad que me lisonjeó merecer y la correspondo con la mía. La mía exclusiva, que no partirás con nadie, que poseerás solo, único. Cuando fuese preciso retirarla no sería para colocarla en otro, no; ¡ningún hombre después de ti la obtendrá de mí! ¡Ninguno, querido mío! Cuando se apagase en mi corazón este santo fuego que tú has encendido, incapaz quedaría de otro alguno; solo muriendo a todo sentimiento podrá cesar de amarte a ti.

Esta confesión no me causa ni rubor ni embarazo, porque te creo digno de oírla y capaz de comprenderla. El sentimiento que me anima no necesita rodeos misteriosos para expresarse ni debe ser ultrajado con arterías. Cuando te digo que te amo te lo digo sin turbación ni inquietud, porque este amor no es el amor vulgar de una mujer a un hombre, es el casto y ardiente amor de un alma pura y apasionada a otra alma digna de ella. Sentirlo, inspirarlo, me llena orgullo, me engrandece a mis ojos y me hace probar un placer indefinible, celestial, que debe semejarse a la felicidad de los ángeles.

¡Querido de mi corazón!, perdóname haber interpretado siniestramente algunas acciones tuyas, haber dudado momentáneamente de tu afecto y sinceridad. Ya se disiparon todas mis dudas y temores: tu carta ha bastado. Cada letra tuya es a mis ojos un sello de sentimiento y de verdad. Yo he llorado sobre ella, dulce amigo, lágrimas deliciosas cuan no han salido otras de mis ojos; he llorado y hubiera querido en aquel momento verte y que llorases también. ¡Ese llanto hace tanto bien! ¡Mi corazón desde entonces está tranquilo, gozoso, feliz!...

Cuarenta o cincuenta días pasarán sin vernos; yo quiero que en ese tiempo te consagres todo al estudio; lo quiero, pero no lo deseo. Mi razón forma un voto y otro mi corazón. Yo que no tengo estudios forzosos me prometo pensar mucho, muchísimo, en mi amigo ausente.

Adiós, recibe mi más tierno adiós, pues no podré dártelo sino muy frío verbalmente, ¡y ojalá que aun así, pueda dominarme lo bastante para no manifestar una emoción demasiado visible! Los ojos indiferentes que nos observan verían en mi enternecimiento el dolor de una mujer que se separa de su amante, y esta suposición sería una injuria, una profanación. Tú solamente, tú eres el que sientes como yo, y el que apreciarás este adiós que te doy solo a ti; recíbelo, yo imprimo en él mis labios y deposito en él la expresión más tierna del más puro y santo afecto.

Ausencia

Carta VIII

Sevilla, 15 de abril de 1840

Teniendo la convicción de que me habrás escrito, aún no he podido ir al correo a sacar la carta que duerme indudablemente en aquellas cajas. Siempre que he salido me han acompañado tantas personas que no me he atrevido a llegar al correo y tampoco me he resuelto a fiarme de las criadas de casa, pues son nuevas las que hay ahora y no sé si merecen confianza. Pienso mañana, si ya no llueve tanto como hoy, salir bajo cualquier pretexto y llegar por el correo; pero no quiero perder la oportunidad del que sale hoy para escribirte, porque deseo abrir nuestra correspondencia con una explicación que evite a ambos embarazosen lo sucesivo.

En la separación, acaso eterna, a que pronto nos veremos condenados, será para mí un consuelo recibir algunas cartas tuyas y dirigirte las mías; pero es preciso para que esta correspondencia esté exenta de inconvenientes, determinar su naturaleza, amigo mío. Nuestras cartas serán las de dos amigos, no amigos como lo hemos sido en algún tiempo, porque aquella amistad era una dulce ilusión; la de ahora será más sólida, porque no será hija del sentimiento, que antecede al amor; seralo, sí, de aquel que sobrevive a él, y que se funda precisamente sobre sus desengaños. No sé si hablaría así otra mujer en mi posición respecto de ti; pero ya he dicho mil veces que no pienso como el común de las mujeres y que mi modo de obrar y de sentir me pertenece exclusivamente.

Tú me has dicho, juzgándome por ajenas opiniones, que soy inconstante, y yo, sin negar que en cierto modo merezco este nombre, me atrevo a asegurarte con la franqueza que me caracteriza, que no lo he sido nunca contigo ni podré serlo en ninguno de los afectos que justa y profundamente haya sentido mi corazón. Pero soy, como ya te he dicho, incapaz de imponer cadenas al sentimiento más espontáneo y más independiente, ni de admitir como amor todavía lo que ya no es más que el esfuerzo de un corazón noble y agradecido que quiere engañarse a sí mismo. ¡Cuán poco me conoces, si has pensado un momento que podía yo imitar a aquellas que cuando cesan de ser amadas aún quieren oprimir con el peso de su cariño! Porque el amor que ya no se participa no es un bien, no, es un mal, una tiranía.

Largo tiempo me he hecho ilusión sobre tus sentimientos y he interpretado lisonjeramente la frialdad de tu conducta. ¡En vano se me decían cosas que debían desengañarme! Pero por fin te he visto anunciarme fríamente una separación acaso eterna, te he visto desechar sin conmoverte las proposiciones que una loca pasión me dictaba, te he visto confesar que tienes secretos, que no me juzgas digna de saber... Últimamente he sabido positivamente que otras distracciones más nuevas te ocupaban en las horas en que yo suspiraba por verte, y como no soy tonta, aunque sí sobrado confiada, vi por fin rasgarse el velo que yo misma había puesto sobre mis ojos. ¡Sábelo Dios! Desde aquel momento miré rotos para siempre todos nuestros vínculos, pero no formé la menor queja de ti. Solo una cosa pudiera reprocharte, y es la falta de franqueza, es no haberme dicho *ya no te amo*. Porque la inconstancia no es un vicio ni un crimen, es solamente debilidad del corazón, o acaso una cualidad inherente a la naturaleza humana; pero la falsedad, el engaño, es un delito, una bajeza indigna de todo corazón noble. Nunca creo que tiene motivo de quejarse el amante que cesa de ser amado, si no es cuando cesa de serlo sin que se le diga. El amor es un fuego divino, que Dios enciende y apaga a su voluntad, y la voluntad del hombre es impotente para mantenerlo o reanimarlo una vez extinguido. Pero cada uno puede ser sincero siempre que quiera, y yo no puedo perdonar al pérfido mientras que solo compadezco al inconstante. Pero adiviné que si tú no habías sido franco conmigo era efecto de una suma delicadeza y quise ahorrarte el embarazo de una declaración penosa o la perseverancia en una conducta violenta y aún culpable, pues hay culpa donde hay artificio. En efecto, yo me he adelantado a decirte: eres libre; y hoy te lo repito con toda la solemnidad posible.

No es del caso decirte si he padecido mucho poco al tomar la resolución de romper nuestros vínculos... ¿a qué conduciría esto? Basta que sepas que me hallo con valor para renunciar a tu amor sin morir, y que después de penosas luchas conmigo misma he triunfado de una pasión insensata. ¿Acaso no te amo ya? Soy demasiado franca para ocultar que te amo tanto como el día en que más te lo haya manifestado; pero confieso también que tengo en mí fuerzas superiores a las que creía encontrar, y que no creo difícil convertir mi amor en el afecto de una hermana. Como quiera que sea, es cierto que solo deseo hoy verte tranquilo y dichoso y merecer una amistad menos viva, pero más durable que aquella que me hizo algún tiempo tan dichosa. Todos los otros vínculos que nuestros corazones hayan imprudentemente formado quedan rotos desde hoy... ¡y ojalá pudiésemos aniquilar su memoria! ¡Adiós!; escríbeme directamente.

Carta IX

No sé cómo entender aquellas palabras: «Tú has amargado mi destino». Dios me es testigo que he deseado hermosearle en vez de amargarle y que mi propia ventura me interesa menos que la tuya. Si hay un destino oscurecido, amargado, si hay entre los dos un porvenir destruido no es el tuyo, no. ¿Dices que mi imaginación vistió con sus galas el sentimiento *vago, sin color* que yo te inspiraba y que te hizo elevar hasta el cielo para descender luego convertido en *verdad*? Lo comprendo, sí, lo comprendo. Yo misma he visto descender esa *verdad* destruyendo mis más dulces ilusiones; pero, ciertamente, mi imaginación, al engañarme, no ha hecho mal a nadie sino a mí. Y bien: por una ley eterna de la naturaleza todo lo que tiene principio tiene crecimiento, plenitud, decadencia y fin. Yo no pude esperar nunca sustraer de esta ley, sentimiento que inspiraba ni al que me animaba. Harto preveía que una pasión, que coloca al alma en una situación violenta, no podía ser eterna y que su misma actividad excesiva debía acelerar su destrucción.

Yo comprendía que el encanto que me inspirabas, ese perfume de amor que se evapora como una esencia preciosa, debía forzosamente agotarse con el tiempo; pero tenía la convicción de que al marchitarse esa ilusión, frágil y pasajera como las flores, quedarían llenando sus vacíos sentimientos más sólidos y no menos hermosos: el aprecio de tus virtudes, la estimación de tu carácter, el tierno cariño debido a tu corazón noble y sincero, la consideración y el agradecimiento que toda mujer sensible profesa al hombre a quien ha elegido libre, libre y espontáneamente por su protector y su amigo. Estos sentimientos no están sujetos, como las ilusiones de la pasión, a mudanza forzosa, y ellos llenan el alma cuando la pasión ha desaparecido. Yo no podía asegurar cuánto tiempo conservaría el hechizo de mi amor que te transformaba a mis ojos en un ser ideal o celeste; pero sé que con el cabello blanco y la tez llena de arrugas aún serías para mi corazón, velado por los años, el primero de los hombres y el objeto de mi estimación y mi ternura. Esto que creía respecto a mí, esto pensaba también de ti. Sin esperar hacer eterna en tu alma la ilusión del amor, me lisonjeaba con creer que nunca desaparecerían de ella la amistad, el afecto profundo que sobrevive a la juventud y aun a la muerte. Sí, a la muerte; porque el principio eterno de vida que sentimos en nosotros y que vemos, por decirlo así, flotar en la naturaleza, este soplo de la Divinidad que circula en sus criaturas, no puede ser sino amor. Amor espiritual que no se destruye con el cuerpo y que debe existir mientras exista el gran principio del cual es una emanación.

He visto huir de tu corazón el amor y si he llorado no he osado al menos quejarme. Es una desgracia para la cual estaba preparada. Siento yo misma entibiarse mi corazón progresivamente con la frialdad del tuyo y preveo la destrucción de mis últimas ilusiones; pero me resigno. Lo que no puedo soportar es la idea de que una separación eterna va a ponerse entre los dos y que tú has tenido el valor cruel de anunciármela; que tienes secretos y me los ocultas; que tienes pesares y me los callas; que nuevos amores te ilusionan y no has querido tener la franqueza de confesármelos; en fin, lo que me aflige, lo que roba todas mis esperanzas no es perder al amante, no es buscar al amigo y no encontrarlo. ¡Esto no lo preveía! ¡Para este desengaño no estaba mi corazón preparado! Precisada a estimarte menos, a mí misma no puedo estimarme y rebajándote a ti me humillo yo la propia.

¿Pero a qué conduce todo esto? Olvidemos todo lo pasado; aún podemos ser amigos, porque aún nos estimamos lo bastante para creernos recíprocamente dignos de ese título. Coloquémonos en lo positivo y no queramos, con un idealismo que no puede realizarse, prepararnos cada día nuevos y dolorosos desengaños. Ni el amor ni la amistad son tales como los sueña una imaginación poética y cual los apetece un ardiente corazón. Mucho tiempo había que yo lo sospechaba y entreveía esta triste verdad. Tú pudiste oscurecerla, o mejor diré, lograste encubrírmela con un velo de oro y te soy deudora de unas ilusiones que ya no esperaba gozar. ¿Serán ellas las últimas de mi vida? Lo ignoro. Paréceme que aún tiene mi corazón tesoros de afectos y que necesita para agotarlos muchos desengaños. ¿Pero podré sentir por otro lo que me has hecho sentir? ¿Es ya digno mi corazón de ser legado a un noble corazón? ¿Este fuego divino que le ha abrasado, le ha envilecido en vez de sublimarle? No lo sé. Una cosa únicamente puedo asegurar, y es que si yo fuese hombre y encontrase en una mujer el alma que me anima, adoraría toda la vida a esa mujer. Marchita mi alma a fuerza de desilusiones aún se siente con fuerzas para amar, y no atreviéndose ya a enlazarse con otra, acá en la tierra, siento que ansía desprenderse de su cárcel e ir a buscar en el cielo una fuente de eterno amor. Esto me da placer, porque jamás me siento tan infeliz como cuando en momentos de desaliento creo que estoy destinada a sobrevivir a mi corazón. Déjame, pues, déjame aún la postrera ilusión. Déjame creer que no has despreciado mi corazón por hallarle indigno del tuyo. ¡Ah! ¿Será preciso que al perder la dicha sienta también abatido mi orgullo?

Carta X

Hoy miércoles, 6 de octubre

Recibo, en cama todavía, tu contestación a la mía de anoche, y veo en ella palabras y aun párrafos enteros que no puedo dejar un momento sin respuesta. Dices que *haciéndote entender que me pareces de poco valer no espere yo jamás que tú deduzcas la consecuencia de que te quiero*. Desde luego es indudable que no podía yo esperar tan anómala consecuencia ni creo que, si ella existiera, tú aceptarías ni estimarías en nada un cariño semejante. ¿Qué es el afecto que no se funda en la estimación?; pero tú tergiversas de una manera increíble el sentido de mis palabras y te agravias y me agravias al interpretar mis sentimientos. ¡Yo creerte de poco valer!, ¿en qué fundas tan inconcebible suposición? Yo, es verdad, te he dicho más o menos acaloradamente que no hallaba en tu corazón aquel grado de calor en los afectos que el mío siente y busca en los corazones que ama; te he dicho (no sé si con justicia, pero sí sé que con indicios claros de no ser absurda mi creencia) que tú no posees una de aquellas almas expansivas y tiernas que simpatizan con todos los ajenos pesares, adivinan todos los combates y borrascas del sentimiento y suavizan con su ternura activa y férvida las mismas pasiones que excitan. He creído, y lo he dicho con mi natural veracidad, que eres más sentimental que sensible profundamente, más amable que amante; que tienes más bondad que pasión y menos ternura que talento. ¿Pero se deduce de esto que te tenga por de poca valía? ¿Es la facultad de amar, por ventura, la sola excelencia del hombre? ¿Tu honradez, tu veracidad, tu clara inteligencia, tu lealtad de alma, tu carácter, frío si se quiere, pero noble y digno, son cualidades de poca valía? ¿Tan vulgares las crees que pueda suponer que pasen para mí desapercibidas? No; siempre te he visto digno de ser amado, aun cuando alguna vez haya creído que tú *no sabes amar*. Acaso ni aun eso he creído; solo he comprendido que *a mí no me amabas*. Pero ni tu falta de amor a mí ni aun la tibieza que en general pudiera tener tu corazón en la región de las pasiones, es motivo para que yo piense que vales poco; ¡qué absurdo, amigo mío! Napoleón no sabía amar y ciertamente que a nadie se le ha ocurrido que por razón de su poca ternura dejase de ser el primer hombre del mundo. Newton dicen que jamás tuvo una querida, y yo me hubiera enorgullecido de tenerlo por amigo.

Yo no creo que Tasso, porque amó hasta morir de amor y sin juicio, valiese más que Newton o Napoleón; diré, sí, que el alma de Tasso simpatiza más con la mía; que lo comprendo mejor; que si lo hubiera conocido y amado lo hubiera creído más capaz de hacerme dichosa que Newton o Napoleón. El gran genio de Tasso nacía de alma eminentemente apasionada; el de los otros, de un espíritu altivo y profundo; todos valían mucho y se asemejaban poco.

Perdona esta especie de digresión; yo no he pretendido nunca que puedas *ser otro de lo que Dios te hizo*, ni menos he pensado que debas estar descontento de lo que eres. ¡Oh, no! Al contrario; poseer lo necesario para hacerse estimar y estar exento de la cruel facultad de amar mucho es un privilegio envidiable que solo reciben los que nacen para ser felices. Puedo haberme engañado al creerte de este número; pero ciertamente que no te he ultrajado, que mi creencia, exacta o errónea, no te es en manera alguna ofensiva. Esto solo he querido probarte.

Yo misma soy juzgada mal: muchos que creen conocerme, dicen que yo soy lo que creo de ti, esto es, que tengo más espíritu que corazón: se engañan torpemente; pero jamás los acuso de que me agravien: me desconocen, esto es todo.

Dices, además, que les parezco singular, y creo que lo soy por mi mal. No pretendo que mis singularidades sean virtudes; sé, sí, que nacen de origen elevado. Impetuosa y sincera puedo parecer inconsecuente; pero lo que hallarás siempre en el fondo es *verdad*. Ni quiero pasar por mejor *de lo que soy*, ni siendo lo que soy me hallo descontenta de mi suerte. Sé que hay en mí mucho bueno y mucho malo; que todo el que me conozca debe forzosamente estimarme como yo me estimo, y no más ni menos. Estimarme, no como a ser perfecto, no lo soy ni quiero parecerlo, pero sí como alma elevada, incapaz de bajezas; capaz de extravíos y de grandes virtudes. No sé si soy siempre prudente; temo que no lo seré nunca; pero desafío que se me pruebe que he sido alguna vez falsa o mezquina. Mis defectos tienen la talla de mis cualidades, y tal cual soy me he presentado a ti. ¿Me amaste tú como soy? ¿Me eres digna?... No lo sé; pero sí sé que, tal cual soy, no hallarás otra en el mundo. Serán peores o mejores, pero no serán como *Tula*.

La escala divina

Carta XI

Paréceme que quiero ahora, que necesito, tomar alguna influencia en tu alma; ¿sabes por qué? Porque intento *convertirte*; intento hacerte creyente; porque te quiero y estoy cierta de que no hay felicidad posible para un alma escéptica. Puesto que es preciso creer en algo, tener una fe, y que es absurdo y peligroso buscar esto en los hombres, menester es elevarnos *humillándonos*; éste es el gran secreto. La verdad está cerca, el orgullo la busca allá donde no puede hallarla; no comprende que en su vuelo insensato se aleja del blanco a que quiere encaminarse. Y bien, yo quiero que cuando nos separemos otra vez, ¡ay!, acaso por la última, yo quiero que lleves de mí un recuerdo eterno y sagrado, una esperanza inmortal; quiero que hablemos mucho de Dios, de esa verdad única, y para ello necesito que me concedas un poco de aquella amistad que me daba en otro tiempo algún derecho a ser entendida por tu corazón. Esta amistad no nos será peligrosa, no: Dios, a quien invoco para que se haga conocer de ti, la santifica; y este mi corazón, herido e incapaz de ilusiones, responde de que no puedes hacerle ya ningún daño ni recibirlo de él. Así, pues, amigo mío, concédeme sin temor tu afecto fraternal, y dame ocasiones de traspasar a tu alma, que me es querida, el celestial consuelo que dulcifica la mía: ¡la religión! Créeme, las almas elevadas no pueden vivir sin ella; necesitan esa escala divina, para remontarse fuera de la tierra. Yo..., perdona mis delirios y aunque me llames loca, yo siento en mí una misteriosa revelación, que me dice que esa luz que brilló para mí, *que estaba en las tinieblas*, no se me ha dado para mí sola: que tú eres el destinado a verla, a sentirla en mí, y que tu camino futuro será alumbrado por ella. ¡Oh, si yo pudiera hacerte este inmenso bien!... Entonces tu afecto hacia mí sería inacabable.

Pensaba ponerte dos líneas y he emborronado un pliego. Ya lo ves, he dado en la manía de hacer prosélitos y eres ahora el objeto de mis tiros.

¿Te veré esta noche? ¿Sí? Adiós; te quiere con un afecto puro y tierno de hermana tu antigua amiga *Tula*.

Carta XII

Siento que te hayas creído en el deber de escribirme; para darme noticias de tu salud era bastante un recado verbal. Has querido sin duda atenuar el disgusto que iba a causarme el saber que no habías dormido bien y que te sentías malo, con decirme que me *estimas profundamente y que eres el más sincero de mis amigos*. Te doy gracias por estas líneas de tu billete. Yo no sé si eres *mi amigo*; no sé siquiera si yo deseo que lo seas; pero en lo tocante a la estimación que dices tener de mí, te aseguro que creo merecerla, y que espero conservarla. Yo no sé por qué añades que debo estar *muy satisfecha de mí misma*. Para merecer tu aprecio y el de todas las almas nobles, creo que es suficiente la lealtad de la mía y la honradez de mis sentimientos; pero para estar *satisfecha de mí misma*, como presumes debo estarlo, menester sería que gozase ya esa paz que me deseas y que en vano pido cada día a *Aquel* que únicamente puede dármela: ¡Dios!

Anoche te reías de mí, porque entiendo como lo entiende la Iglesia católica, en la cual he nacido, los preceptos divinos; hoy me dices, casi en tono de zumba, que nada temeré de Dios ni de los hombres. Si yo fuese una de esas almas que, recelosas de patentizar su flaqueza, hacen profesión de *sprits forts*, como dicen los franceses; si tuviera la desgracia de pertenecer a la numerosa clase de gentes menesterosas de cierto género de triste celebridad, acaso al oírte me amedrentaría con el recelo de parecerte *vulgar*; acaso creería que la fe de mis padres era una cosa ridícula y que mi *gloria* consistiría en ocultar la veneración que me inspira. Pero no es así: yo no temo jamás el *ridículo*; es un traje que no le viene a mi talla; tengo orgullo en profesar las creencias en que fui educada y que he adoptado libre y meditadamente después de muchos años de examen profundo. No busco la reputación de *espíritu fuerte*; desprecio íntimamente a los que hacen alarde de una incredulidad que creen necesaria para probar su inteligencia, y doy gracias a Dios porque la mía, la que él me concedió; es capaz de llegar a la altura en que se ve la mezquindad lamentable de aquellas, que solo alcanzan la despreciable gloria de escarnecer lo que no son capaces de admirar.

Yo temo a Dios; pero solo a Dios. Los hombres pueden inspirarme compasión, si son débiles y sin justicia; afecto, si son rectos y capaces de dignas acciones; pero temor, jamás. Si yo desdeño la opinión del vulgo es porque conozco a los hombres: conociéndolos no es posible ni temerlos ni respetarlos.

Cuando yo obro bien adoro la mano soberana que me ha sostenido; yo, por mí, soy como todos los hombres: frágil y culpable; no puedo estar satisfecha de mí misma nunca jamás; porque lo bueno que en mí exista me ha sido dado gratuitamente. Mi libre albedrío, que es lo que tengo, no me lleva forzosamente al bien, y he aquí por qué yo lo esclavizo a los preceptos de Aquel que me los dio.

Todo esto no te parecerá muy sublime; si andas a caza de peregrinas ideas, las mías no te satisfarán; pero yo estoy muy contenta con ellas; muy contenta: ellas han sido el áncora que he encontrado en este proceloso océano de la vida en que tantas tempestades han turbado mi juventud; ellas son mi esperanza para los años de la vejez. Yo, que, como Salomón, puedo decir *he examinado y juzgado cuanto existe bajo del Sol y he visto que todo es vanidad*; yo, que nada he poseído que me satisfaciera, y que he conocido que existía una distancia inmensa entre el vacío de mi corazón y los goces de la vida humana...; yo, que no anhelaba gozar, sino saber, esperar y amar...: yo, repito, he visto asombrada que esas creencias sencillas al alcance del vulgo, pueden lo que no han podido ni el amor, ni la gloria mundana, ni los esfuerzos de la inteligencia; han llenado aquel vacío; me han enseñado la ciencia mayor; me han alumbrado con la luz de una esperanza más grande que mi propia ambición. Si no gozo todavía la paz, la espero al menos; y esto es un gran bien, créelo. ¡Oh! Para almas como la mía se necesitan grandes sacrificios, grandes luchas, grandes esperanzas. Todo esto lo he hallado en esas creencias que te causan risa. He hallado más aún: he hallado una fuerza que desafía al mundo, que se burla de las opiniones humanas. Si lo que produce tales resultados es una mentira risible, preciso es que la mentira sea lo más grande que existe: que la mentira sea Dios.

Esta larga carta no te robará ninguno de los instantes que necesitas para tus ocupaciones y visitas; la mandaré de noche para que la halles al irte a acostar y la leas en cama, mientras esperas el sueño.

Y bien; aún tengo que hablarte de tu billete, aunque tan corto sea. Dices en él que si meto la mano en mi corazón no encontraré nada que me alarme. Lo he hecho; sí, he examinado mi corazón, y creo que, pasada la terrible excitación de anoche, en medio de la cual lanzó a mis labios un grito de pasión, creo, digo, que, en efecto, se ha calmado. Si no lo hubieras excitado tanto; si, respetándolo más, hubieras gozado de lo que él te daba sin precipitarlo en una región peligrosa, creo que acaso le hubieras hecho mayor mal que el que hoy siente. Hubieras sido muy peligroso, siéndolo menos en apariencia. Anoche he visto *al hombre*; mi corazón le amó sin embargo; hoy se ha dado cuenta de todo aquello, y me parece que, libre de la emoción física que entonces le turbaba, ha comprendido que *un hombre siempre* es *un hombre* y que para él es poco temible, siempre que, como lo has hecho, se apresure a arrojar el ropaje de *ángel* con que se le presenta.

¿Sabes tú lo que es *un hombre* a mis ojos?... Un hombre, que no es más para mí que un hombre, ora tome el nombre de amante, ora el de amigo, profana entrambos nombres y me parece indigno de ellos. El amor y la amistad, tal cual yo los considero, son otra cosa muy diferente de lo que ofrece el hombre material. ¿Eres tú capaz de comprender el sentimiento? Lo creía ayer y lo dudo ahora.

Yo no quiero ni tu amor ni tu amistad si no puedes darme uno u otra tan grande y tan noble como yo los necesito, y dale el nombre que quieras; el nombre no mudará su ser. El amor que yo puedo aceptar de ti no es más que *una amistad* exclusiva, profunda, ardiente, y la amistad que puede existir entre un hombre y una mujer de nuestra edad no será nunca sino *un amor disfrazado*. Yo no cuestionaré, pues, el nombre; meditaré en el sentimiento, ya venga con una careta, ya sin ella. Yo no creo que Dios condena ningún afecto noble: Dios es amor. Yo no escrupulizaré de amar. Pero creo que Dios me *prohíbe* buscar en ese sentimiento goces brutales, siempre que él mismo no me impone un deber de materializarlo por un objeto santo, cual es la maternidad. Siento, además, que yo no tengo una necesidad de arrancar al amor todas las perlas de su corona casta para devorarlas en placeres insuficientes para mi felicidad.

Esto no me hace digna de tu *aprecio profundo*, porque esto es común a todas las almas que no se han corrompido. La mía no lo está; esto es todo. Ni el mundo, ni las pasiones, ni la calumnia de que he sido objeto han podido arrancarme mi rectitud natural y la elevación en el sentir. Si no lo comprendes así, te compadezco.

Te veré mañana y siempre que quieras. Tu presencia me es grata. Eres para mí algo tan dulce y melancólico como un recuerdo, aunque no me des nada que se asemeje a la esperanza. Te veré y estaré, como deseas, contenta y serena; pero después de la extensión y franqueza con que te he hablado en esta enorme carta, bien comprenderás que si hubiese de tener otra noche como la de ayer me sería forzoso renunciar al placer de verte. Yo no me creo fuerte; no busco los peligros segura de la victoria. Me conozco y huyo, sin avergonzarme de huir.

Mi pluma es tan mala que no sé si entenderás ésta.

Adiós; he pasado la mañana escribiéndote; no me lo agradezcas; pero sabes que no lo haría con nadie sino contigo. Mi pereza es grande, pero lo es más mi afecto.

Te quiere siempre. *Tula.*

Locuras de amante

Carta XIII

Anoche te escribí y rompí la carta; esta noche te escribo también; pero salga como quiera, no la romperé. Resígnate.
Mis nervios siguen en su agitación y no me dejan dormir; sin embargo, no me hallo mal; casi estoy contenta. He pasado más de tres horas a tu lado, y aunque no hayas estado muy afectuoso, tampoco has dicho de esas palabras tuyas que alarman a mi vivísima susceptibilidad. Te escribo, pues, en primer lugar, porque te quiero esta noche casi tanto como antes de la maldita noche de mi dolor, y en segundo lugar porque se me ocurre decirte dos palabras sobre una que te he oído y que te rebatí. Dijiste que deseabas hablar de mí con X. Escucha: yo *no temo* que hables de mí con X, porque yo te he dicho más de lo que por él puedes saber; esto es: no es porque recele que le oigas nada en mi daño el haberte suplicado que no me nombres a él. He sido su amiga, y si él es caballero, como creo, no puede hablarte mal de mí, por orgullo al menos. Si no es caballero, si me tiene mala voluntad, si su franqueza contigo es mayor que con otros de sus amigos, te dirá que soy un carácter voluble, inconsecuente, ligero, que no tengo corazón, que he querido hacer con él *una comedia, etc.*: pero aun cuando tenga de mí el peor concepto posible y sea capaz de expresarlo, es bien cierto que no puede decirte cosa más grave que lo que por mí misma sabes; esto es, que lo he querido; esto no te lo dirá porque él no lo sabe tanto como yo y tú por mí.

Siendo yo tan franca que te he dicho con admiración tuya las borrascas que mi imaginación levantó por ese hombre, el extremo con que me empeñé en hacerme amar y el valor que di a los sentimientos que le inspiré, por dudosos que fueran, te he dicho más de lo que tú me preguntabas y más de lo que tienes derecho a saber. Si llegara un caso que creyera de mi deber darte cuenta de cada palabra o afecto de mi vida anterior, lo haría también, como lo hice, noble y lealmente, cuando hubo un hombre sincero y amante, que me dijo: *yo te amo*. Es, pues, indudable que yo no temo que tú sepas más de lo que por mí sabes, y que estoy tan lejos de temer que lo que sabes y más, y (¡cuánto he pensado y obrado o imaginado!) te diría yo propia, aun cuando fuese en mi daño, si tú me dijeses algún día: «Mi corazón, que te ama, quiere leer en el tuyo página por página».

Aun sin esto, tú sabes que soy franca contigo y aun con todo el mundo. ¿Sabes, pues, por qué sentiré mucho que hables de mí a X? Te debo esta explicación y te la daré en dos palabras.

Tengo orgullo: por exceso de él, sí; por exceso de orgullo he sido y soy indulgente con tu amigo. Sé que él no me conoce; que se ha formado de mí un ente, ideal; que no soy yo; al paso que yo le conozco a él mejor que su madre. Porque lo conozco, lo aprecio; porque no me conoce, no es él capaz de comprender que le aprecio. Yo soy indulgente como Dios cuando me siento superior, y por eso soy indulgente con X; tengo sobre él la superioridad de conocerlo sin ser conocida, y además la de haber sido mejor y más leal y más generosa que él. Yo solo pudiera odiar a la persona con quien hubiese sido yo misma mala o falsa, porque esa persona tendría en ese caso la superioridad única que me irrita, la del obrar mejor que yo. Con X no hay eso; piense de mí tan mal como quiera, no puede decir jamás que él ha obrado mejor que yo, y acaso lo que le haga aborrecerme es el sentirse en este punto en posición desventajosa respecto a mí. Pero por mucha que sea mi indulgencia y mi orgullo, tengo también mi poquito de vanidad, y sabiendo que ese hombre no quiere ocuparse de mí, que hasta grosero se me ha manifestado, que lo es no solamente conmigo, sino con mis mayores amigos, solo porque lo son, no puedo prescindir de la repugnancia que siento que tú u otro que me trate le busque una conversación que él, en su orgullo inmenso, pueda creer se le suscita con anuencia mía. Yo le perdonaría desde luego el que hablase de mí con odio, con desprecio, como quisiera; no le doy en el día bastante valor para ofenderme por lo que piense de mí; pero me desagradaría mucho que él pudiese suponer que yo tomaba interés en averiguar ahora lo que él cree y dice de mí cuando tengo motivos para saber que no se ocupa de mi existencia ni para bien ni para mal. Su ambición, su deseo de figurar, lo absorbe completamente, y la mujer con quien está enredado es la única que le conviene. ¿A qué, pues, irle a recordar mi nombre? ¿A qué exponerme a la humillación de que él sospeche que se hace con mi anuencia?

Éste es mi solo temor, y en prueba de ello te digo que lo que únicamente te suplico, te exijo, es que jamás le digas que yo he pronunciado su nombre en tu presencia; que no le dejes el menor pretexto para creer que yo sé que es tu amigo, o que tú sabes por mí que lo ha sido mío. Por lo demás, bien puedes, si tanta curiosidad tienes en saber cómo piensa respecto a mí, decirle cuando venga al caso que te han dicho que *lo ha amado mucho una amiga tuya* y nombrarme en buen hora; no me importa, como tampoco el que te diga cuanto mal quiera de mí. Solo exijo que no sepa jamás que su nombre se ha pronunciado entre tú y yo, y que es por mí por quien sabes lo que sabes.

Si él se estima, creo que te dirá que *soy* una persona a quien aprecia; si es fatuo, te dirá que sí, que he estado loca por él, y acaso añadirá, como en gloria suya, que él jamás me amó; en esto no sé si mentiría. Si es que realmente me amó y que ahora me aborrece, te dirá que soy el diablo y que me desprecia o me detesta... Esto último me lisonjearía. Dile, pues, lo que quieras, con tal que alejes todo indicio de ser yo sabedora. Éste es mi solo interés.

Pero quisiera yo saber... Esa curiosidad tuya, el disgusto mal disimulado con que me oías esta noche, cuando te ensalzaba mi pasado ídolo, ¿qué significan? ¿Me amas tú realmente? ¿Tienes celos?... Si tal creyera... no sé; sería infeliz; pero tendría placer, doloroso placer. De ex profeso te hablaba de él esta noche; me extendía, ponderaba de intento: es la única vez que he visto en tu cara la expresión de la pasión; y esta confesión que ahora te hago te explicará por qué después he estado más cariñosa contigo. Sí; cuando te hablaba de X me pareció que tenías celos; me pareció que me amabas; todo lo que dijiste no bastó a destruir en mí la impresión de aquella idea. Y bien; si tú me amases y amases y tuvieras celos de un afecto anterior no te tacharía de injusto. Yo no podría mentir negando lo que realmente fue; esto es, que fuese por capricho o sin él, fuese una pasión fatal o un acaloramiento del orgullo, yo he querido a ese otro que no eres tú; pero ¿puedes tú suponer que quede de aquello nada en mi alma? Además, ¿es tan grave delito amar en una mujer que era libre? Severo has estado, muy severo, y sin embargo siento que te perdonaría de todo corazón si fuese tu severidad efecto de celos. Si no es así, no me lo digas, no, porque un rigorismo frío me parecería hasta ridículo.

Te he dicho que soy un poco loca, y ya ves cómo te lo pruebo enviándote esta larga carta; y para que sepas que además de un poco loca soy loca por completo, acabo diciéndote que te amo y que te he mentido siempre que lo contrario haya dicho. Haz tú de este amor lo que quieras; hazlo un culto, una pasión loca o una amistad tierna; creo que puedes darle carácter a tu placer, y que yo siempre quedaré contenta con tal, que, ya me hagas tu amiga, ya tu amante, sepas comprender que soy exclusivista y exigente y que no tolero nada a medias.

Es casi de día y aún sigo viendo visiones; tal está mi cabeza. Adiós; te abraza, *Tula*.

Carta XIV

No, no me enojé porque te marcharas, aunque extrañé la precipitación con que lo hiciste. Yo, menos prudente que tú, insistí en que prolongases tu visita, porque tenía un deseo irresistible de oírte una palabra de cariño, de darte alguna nueva prueba del que me inspiras. Pesado por demás estuvo G.; pero no le falta ni talento ni bondad. Es que se ha acostumbrado a verme indiferente con todos, es decir, sin predilección por nadie, y no sospecha que entre tú y yo medie cosa alguna que nos haga enojosa su presencia. Se llenaría de pepa si supiese nos había molestado. Es un excelente chico.

Dices en la tuya que vendrás esta noche a las nueve; estaré en casa a esa hora, pero te ruego que no te hagas una obligación de venir. Tus visitas no me son gratas si no son espontáneas; en lo que tú no tengas placer no puedes dármelo a mí.

Mira; ya hemos hablado bastante de la naturaleza de nuestro afecto, de la santidad que debe tener y de los peligros que puede correr ésta; creo que conviene no hablar más de esto. Hay cosas cuyo solo recuerdo hace daño: la virtud es más fuerte cuando se piensa menos en aquello que la combate. Los peligros con los cuales se familiariza el corazón cesan de inspirar miedo. Yo no te dejo a ti solo la *responsabilidad* de ambos, no; sería egoísmo. Yo, sin confiar en mí neciamente, me atrevo a esperar que sabré conservar tu estimación y la mía propia sin que te cueste mucho trabajo el sostener mi ánimo. No veas en esto orgullo, no; es solo verdad de afecto. Te quiero mucho para arriesgar locamente tu cariño.

No hablemos más de esto. Yo no quiero prever nada, temer nada; creo en ti, te estimo, y esto me basta. ¿Sé yo acaso si tengo amor? ¿Sé si lo que siento por ti necesita tu posesión? Paréceme a veces que me sería tan imposible llegar a tus brazos con ardor de amante como a los de mi propio hermano. No se me ocurre jamás desear pertenecerte para siempre, y alguna vez me parece que los impulsos de mi corazón a tu lado, que tanto me han alarmado, no se diferencian gran cosa de los que tendría por mi madre. Yo no sé, te lo confieso, *si te amo*; sé, sí, que te quiero más que a ninguno de los hombres que conozco y que tu aprecio es para mí una necesidad.

¿Por qué, pues, hemos de recelar anticipadamente ni empeñarnos en ver combates en nuestras propias aprensiones? Acaso en nuestra imaginación va más lejos que nuestro corazón, y esto es un mal, porque puede engendrar ese peligro que sueña, y no tendríamos disculpa porque no tenemos el delirio del amor, que es lo único que justifica extraviando.

Amigo mío, quiéreme sin examinar la naturaleza de tu afecto, y cree que tal cual es basta a tu *Tula*.

Carta XV

Como me ofreciste poner dos líneas tuyas en la primera carta que escribiese a mamá; como sé que a ella le servirán de gran placer, porque te quiere más que mereces, y como el correo sale esta tarde, es decir, antes que vengas a casa, te incluyo la mía para que cumplas tu oferta y me la devuelvas enseguida.

Al mismo tiempo quiero decirte, por si esta noche hay visitas que me lo impidan, lo que en la de ayer te expliqué mal. Quede consignada en este papel mi breve pero clara explicación, a fin de que jamás me acuses de inconsecuencia.

Mi carta de ayer, dices, era menos afecto; que la anterior a ella. Yo te dije más: te dije que era fría, y lo era en efecto. Para disculpar la inconsecuencia que parece resultar de algunas de sus palabras comparándolas con las que contenía la otra, no te diré que esta última a que me refiero no te fue dada, sino que me la quitaste, y que con el hecho de no habértela enviado te di una prueba de que *mi corazón* no la aprobaba, de que algo de su contenido no estaba acorde con mis deseos. No te diré esto, repito, porque no ha menester abjurar o desmentir conceptos que trazó mi mano para probar que no soy inconstante ni contradictoria.

El mismo sentimiento que dictó la una carta presidió a la otra. ¿Pero no sabes tú que los mismos vapores que forman las nubes azules y nacaradas son los que tiñen de un color fúnebre o sangriento esos densos nublados que preceden a la tempestad? ¿Es inconsecuente el Sol porque tiene el poder de engendrar el rayo, así como el de abrir el delicado capullo de una flor? Ya te lo dije ayer: cuando te escribí mi última carta estaba descontenta de ti: no salió ella fría; la hice yo que lo fuera. ¿Estoy hoy más satisfecha? No; acaso sería más digno de mi orgullo no decirte esto; pero te lo digo sin embargo.

Voy a ser franca contigo hasta un extremo increíble: escucha.

Tú, según he comprendido, viniste a Madrid huyendo de un amor profundo que acaso quieres vencer; amor que juzgaste tan fuerte, que dijiste: yo no viviré mucho; cuando muera decidle que la he amado. Esto es muy novelesco, muy heroico; esto debiera estar en una de las novelas de Ana Rachelif o en una leyenda de Demesmay. Viniste, y mientras llegaba el caso de morir víctima de tan acendrada pasión, quisiste que *mi amistad* te endulzara la expectativa, que te *entretuviera*, como se te escapó decir anoche. Pero era preciso para entretener un alma tan herida por el dardo de Cupido (hablaremos en términos poéticos), era preciso que mi amistad no fuese una cosa vulgar, sino ardiente, exclusiva, profunda. Cuando así lo creíste, la aceptaste, y aun dijiste: deja correr tu corazón; no le opongas la menor resistencia; ámame cuanto puedas, que así lo necesito. Sí, lo necesitabas para *entretenerte*. Por eso ayer todo lo más que decías lisonjearte en tu carta era que me *tenías predilecto afecto* en la misma carta en que tan satisfecho te mostrabas de mi amor; tan ciego lo creías, que me ofrecías defenderme de mí misma; tomar la responsabilidad de mi destino, o mejor dicho, *salvarme* con tu respeto de mi propia flaqueza. ¿Sabes que nada tienes de galante? Eres singular. Tu talento se eclipsa a las veces de una manera inverosímil. Escucha: tú no me has conocido sino por una de mis faces: por la de mi corazón; ignoras que si yo quisiera consultar solamente mi talento y mi conocimiento del corazón humano; si dejase obrar a mi vanidad de mujer y a mi experiencia de filósofo, ni tu amor a esa que lloras, ni tu calma, ni tu hastío, ni nada te salvaría, a ti que quieres salvarme. Sí; yo te dominaría con mi cabeza fría; te subyugaría a mi placer; te volvería loco si se me antojase. ¡Oh! Guárdate de enfriar mi corazón y de excitar mi orgullo. Guárdate de despertar en mi voluntad un deseo que nadie ha resistido hasta hoy, porque yo puedo cuanto quiero; mi voluntad es de aquellas pocas que hallan en su fuerza una omnipotencia terrestre. Pero no, no tienes necesidad de guardarte, no. Al decir esto que acabo de decirte he dado una prueba de que no aspiro a lo que creo poder: me desarmo ante ti con la conciencia de la bondad de mis armas; en una palabra, quemo mis naves como Cortés.

Lo hago porque yo no deseo que tú me ames; al contrario, mi razón me dice que sería un mal grande para mí tu amor.

Pero, ¿por qué quieres tú jugar con mi corazón, como el niño que pone el fuego en la pólvora, sin prever que puede él mismo abrasarse? Tú me agitas, me incitas, me ofendes en mi orgullo, me hieres en mi sensibilidad; todo con una calma admirable, sin comprender siquiera que estás jugando con fuego peligroso. Si yo te amo, tu conducta es cruel; si no te amo, es ridícula. Porque, en fin, ¿sé yo hasta ahora si eres mi amigo, mi amante o si no eres nada? Como amigo pides mucho al decir que no admites más restricciones que las que yo ponga, porque si yo te amase, acaso no pondría ninguna. Como amante das poco, porque hasta ahora todo lo más apasionado que te he oído es que yo te *entretengo*, que te consume *el hastío*, que *no crees en la felicidad, que te vas a París*, y que amaste o amas a una mujer de quien huyes. Y para esto, sin embargo, dices que me necesitas, y me buscas, y te enojas porque no estamos solos y me preguntas si te amo tanto como amé a *él*, al hombre que más amé, al más digno de ser amado. ¿Te comprendes tú? Yo confieso que no. Tú amistad sería un gran bien para mí; tu amor, un mal; no sé, empero, si yo deseo aquel bien, ni si aborrezco este mal. Sé solo que tu conducta me hiere, y que no sabiendo qué eres para mí, qué soy yo para ti, comienzo a creer que vale más que no seamos nada el uno para el otro, porque ya sabes que no sufro medianías, que lo indeciso no me place.

Esta carta te va a parecer loca, tonta; vas a leer todas las mías que tienes para notar las contradicciones, las inconsecuencias...; las hallarás, no lo dudo; un célebre moralista ha dicho: «la verdad es una en su esencia y múltiple en sus formas; solo la mentira es consecuente, porque la mentira no es natural».

Acaso esta es tu propia disculpa; por eso yo no te acuso por inconsecuente, sino por orgulloso y frío. Es preciso que sientas más o que procures inspirar menos. Querer reinar absoluto y no decir siquiera cuál es tu derecho, es una tiranía absurda.

He descargado en ti mi bilis; pero con todo, te quiere como yo.

P. D. Lo ininteligible de ésta te probará que aún no he hecho uso de tus plumas. No he querido que me sirvieran de armas contra ti...

Carta XVI

Antes de decirte, según te ofrecí, cuál es el teatro a que iremos, quiero pedirte perdón por mi impertinencia de anoche. Pesada estuve —¿no es verdad, amigo mío?—, pesada en extremo, al obligarte a prolongar tu visita sabiendo que te sentías malo. Como aquella exigencia mía debió parecerte extraña, permite que te dé ahora una semiexplicación de ella. La importuna visita de mi vecina sobrevino en un momento en que, entendiendo mal ciertas palabras que te dije, te atrevías a sospechar que yo recelaba mudanzas en el aprecio que en mi carta de anteayer te manifestaba; me lastimaste con aquel tono frío, con aquel gesto severo, con aquellas palabras injustas en que me vi reconvenida por una cosa que no pudo pasar por mi pensamiento. Es verdad que te dije *que empezaba a temer llegase un día en que tú vieras una mentira en cierto párrafo de aquella carta*; pero te aseguro, y lo creerás sin dificultad, que no me refería al afecto que en ella te expresaba; afecto cuya constancia garantiza una separación de siete años que ha pasado por él sin destruirlo. Esto era lo que quería decirte, y por decírtelo he querido prolongar tu visita. Me era amarga la idea de que te fueras de mi lado con la sospecha injusta y hasta absurda de que yo había querido indicarte la posibilidad de cesar de quererte. ¿Cómo has podido concebir semejante disparate? No, querido; en ese punto mi carta de anteayer no será jamás desmentida.

Yo hablaba de otra cosa, de una cosa que anoche te hubiese dicho, porque hubo un momento en que mis propios labios se abrieron para desmentirla; gracias al cielo no lo hicieron; llegó aquella visita, que entonces maldije, y que bendigo hoy, porque, a no sobrevenir en aquel momento, hubiera tal vez cedido a la impresión que entonces sentía, y mis palabras, escapadas sin aprobación de mi razón, me causarían hoy grandísimo disgusto. No exijas que te diga más; te lo suplico. Ayer, todo el día, me ha dominado una emoción extraña. He estado descontenta de mí misma; en vano he intentado disfrazar a tus ojos mi interior tristeza con un atolondramiento y jocosidad, que no me son naturales. No sé qué inconcebible impulso me arrojaba a la boca palabras insensatas que felizmente no llegaron a ser articuladas. Hoy me siento más tranquila, y te ruego que creas que no quise decir lo que supiste, sin pedirme mayores explicaciones. No; mi carta de anteayer no contiene mentira alguna: al escribirla era completamente, sincera; ayer me parecía que *algo* había estampado en ella que mi corazón abjuraba ya; pero hoy creo que me asusté sin motivo, que calumniaba a mi corazón, que todo lo que aquella carta decía pudiera ser ratificado en ésta. ¿Y por qué amargarme yo misma los momentos de dicha que tu amistad puede darme? No, amigo mío; yo quiero gozarlos, porque he padecido tanto, que soy digna de ellos. Pero no vuelvas a decirme que tú *no sabes* si me amas fraternalmente; no vuelvas a exagerar tu afecto diciendo cosas que quitan a la amistad su dulce y apacible e inofensiva ternura para prestarle el peligroso encanto de otra pasión, que temo, que he renunciado para siempre, que colmaría hoy, si la sintiese, la medida de mis desgracias. ¿Sabes tú, por ventura, si una palabra tuya, si una mirada, pueden trocar el sosegado afecto que me inspiras en un sentimiento poderoso, irresistible, que vivió en mi alma y que dejó en ella restos dolorosos, calientes todavía? ¿Sabes tú si anoche, un momento más hubiera bastado para producir un trastorno completo en mi actual destino, muy triste, sí, pero resignado, sin tempestades, sin dolores acerbos?... ¡Oh, amigo, hermano mío! Respeta este pobre corazón que tanto ha padecido, y que por mi desgracia no está muerto todavía, aunque haya sido destrozado. El mundo me juzgará como quiera; nada le pido, nada le doy; pero tú debes conocerme; tú tienes el deber de no pensar nunca que un corazón como el mío merece ser ligeramente tratado.

Tu amistad tierna, pero calmada, sin transportes, sin ardor, sin excesiva predilección, será un gran bien para mí, que creo en ti y te quiero; pero cuenta que esa amistad no se exprese con las miradas, con los acentos que anoche sentí y oí; cuenta que no despiertes de súbito un recuerdo fecundo en agitaciones y que por ocho, quince días o veinte que pases aquí no me dejes años de lágrimas y de dolores crueles. No temo yo lo que *hagas*; no caigas en tal error: temo lo que sientas y lo que inspires. Las acciones se dominan; los sentimientos, no. En fin —¿por qué no decirlo claramente?—; *temo amarte*. Esto es todo. Ésta es mi melancolía de ayer, mi locuacidad de anoche, el *mentís* que temo dar a mi carta anterior. La confesión se me ha escapado y no la borraré. Allí va: temo amarte, ¡ah!, sí; lo temo mucho, y sin embargo no puedo renunciar a verte; no puedo. ¿Cómo tres o cuatro días han producido en mí un trastorno como éste? Me creía incapaz de *amar de amor*; la misma amistad era tibia y lánguida en mi alma abatida. ¿Cómo es que tres días han rejuvenecido mi corazón? y... Perdona, amigo mío; yo digo desatinos. No; soy tu hermana; esto me basta, esto es lo que deseo; pero sé generoso; no me quieras tanto, no vuelvas a decirme que yo te hago olvidar hasta tu país, hasta tus afecciones más dulces... No quieras que al oírte lo olvide yo todo, excepto que soy libre y que me amas.

¡Y bien! Yo quería ir al teatro para no verte esta noche; pero era una locura, un exceso de miedo. ¡Qué vergüenza!... Iremos, si tú quieres, al circo, allá arriba, *de incógnitos*; si prefieres que estemos en casa, evádete de los compromisos, de las visitas, y ven: me hallarás gozosa con verte, con saber que vienes. Decide tú y respóndeme si hemos de ir al circo o no.

Pero ya lo sabes: yo no tengo el orgullo de ocultarte lo que siento ni la prudencia de huirte. Quiero verte y oírte, pero quiero que vengas a mí como un afectuoso hermano y que conozcas que el salir de los límites de esa fraternidad en lo más mínimo puede hacerme mucho mal.

Ya ves que soy la misma: la *franca india*, la semisalvaje que no sabrá jamás ser coqueta, ni aun ser cauta. Ponme dos líneas diciéndome cómo estás, cómo has pasado la noche y qué haremos ésta.

Carta XVII

Martes a la una de la noche

Supuesto que has determinado establecer tus visitas a manera de calenturas que llaman tercianas dobles, es decir, que aparecen un día sí y otro no, y que mañana es uno de los días de *no*, y que la taza de café que he tomado en tu presencia me desvela atrozmente, y que hace dos horas que me dejaste y que me parece que son dos siglos, y que he vuelto a leer tu carta y me parece cada vez más grata y lisonjera, y otras mil cosas que pudiera añadir para justificar mi deseo de comenzar esta carta que no sé si tendrá fin hoy o mañana;

supuesto, digo, todo lo expuesto y lo más que no expongo, determino charlar un poco contigo en estas altas horas de la noche en que todo reposa menos mi cabeza; con esto logrará que en los días en que no me veas vaya a recordarte mi existencia un papel garabateado por mi mano. Por lo dicho, comprenderás que resuelvo escribirte en todos los días que me prives de tu vista, porque a toda costa es preciso impedir que me olvides, y ya que no tengo derecho para exigir que me consagres todas tus horas de la *prima sera*, o, según otro idioma, tus *soirées* (en castellano no tenemos voz equivalente a esas dos extranjeras), lo tengo al menos para consagrarte yo algunos momentos de mis mañanas o madrugadas, escribiéndote cartas, aunque sean como ésta, que lleva visos de ser una cosa estupenda. He aquí un comienzo o introducción que promete. Las oraciones no son muy gramaticales, y el estilo no peca por sublime; pero a bien que yo no voy a enseñarte gramática, ni a darte muestras de mi talento epistolar, sino a pasar contigo mi vigilia nerviosa, diciéndote que pienso en ti.

Pienso en ti, sí, y tan tenaz va haciéndose este pensamiento, que no sé cómo libertarme de él ni un solo instante. Pero, escucha: tu carta, que tengo ante mis ojos, algunas de tus palabras de esta noche, tus tiernas caricias, la dulzura y purísimo placer que en mi alma han derramado; todo me tranquiliza y me hace no considerar como un mal la fuerza que va adquiriendo en mi corazón el cariño que siempre te he conservado. Si tú me quieres, si me respetas, si estás resuelto a conservarte siempre digno de mi aprecio y a no hacerme desmerecer del tuyo; si deseas y procuras prolongar tu permanencia en Madrid, yo debo considerar un bien y no una desgracia el afecto que me inspiras. ¡Estaba mi alma tan sola! La ausencia de mamá, mi mejor amiga, la sola persona en cuyo amor confío, me había dejado en soledad espantosa.

Mi corazón, que tanto ha padecido, no tiene ya aquella fuerza orgullosa que se contenta con la independencia y que desdeña los consuelos que no le vienen de sí mismo. Yo sentía que necesitaba un pecho amigo en el que pudiera descansar mi frente cuando fatigara mi cabeza el peso de los amargos pensamientos; necesitaba una voz querida que me alentase y me dijese: *yo te quiero*; una voz que no fuese engañosa, que no me excitase desconfianza, que no mintiese nunca; una voz como la de mi madre, veraz, indulgente, amada. ¡Oh, tú no sabes cuán sola estoy aún en medio del mundo! La sociedad me hastía; por un sentimiento de religión lucho contra el desprecio que me inspiran los hombres; pero no puedo estimarlos. ¡He visto en ellos tanta pequeñez! ¡He sido víctima de tan mezquinas y ruines pasiones! Hubo un tiempo en que mi orgullo, mi fuerza juvenil, la conciencia de mi superioridad me hacían buscar esas mismas luchas del mundo y correspondía al mal que recibía con una sonrisa desdeñosa; era todo aquello punzadas de alfiler que no me hacían salir sangre. Ahora, después de haber sido desgraciada, mi fuerza es menos, mi vigor fatigado anhela reposo, y el mundo no tiene nada que me ofrezca una esperanza de paz, ni nada tampoco que me excite a volver a desafiarlo. Sus punzadas de alfiler no me harían daño; pero ya han perdido hasta el poder de excitar mi orgullo para ostentar mi desprecio. Lejos de mi buena madre, sin fe en ninguno de los que se llaman mis amigos, sin deseos ni capacidad de tener amor, mi vida había llegado al extremo mayor del aislamiento cuando el cielo te trajo, querido mío. ¿Por qué, pues, he de desechar yo el consuelo inesperado de esa tu amistad, que si no es tal y tan grande como yo la desearía es por lo menos, lo creo así, la más sincera y noble que puedo esperar de los hombres? No; yo no creo que Dios, ese Dios que es todo amor, juzgue un crimen mi cariño hacia ti; no creo que, celoso de mi pobre corazón, me lo exija tan exclusivamente que deba yo lanzar de él un sentimiento que endulza mis desgracias. Para probarme a mí misma que no soy culpable, ¿no basta esta dulce calma de mi corazón? El delito es intranquilo; nadie que es culpable es tan feliz como yo lo he sido al llorar hoy en tu pecho.

Tú me dices que sea virtuosa; que tú no serás jamás un enemigo de la virtud; que la mía, si la alcanzo, aumentará tu cariño. Amigo mío, yo no soy virtuosa, no; soy una débil criatura que ha cometido muchas faltas, que se reconoce muy frágil; pero amo a la virtud, la busco, la pido, la deseo. Preferiría morir cien veces a perder este noble instinto que me lleva al bien. Pero, ¿no crees que tú puedes contribuir mucho a que yo alcance esa virtud que me deseas y que yo busco con todas las aspiraciones de mi alma? Sí; tú puedes hacerlo; ámame con un amor digno, eleva mi alma con el vuelo de tus propias virtudes. ¡Oh! Yo te lo juro: yo no soy de esas mujeres que aman impunemente a un hombre digno. Yo sabré levantarme hasta la altura a que llegue mi amado; yo no sufriré jamás que para hablarme tenga que bajar sus ojos. Por mí sola no sé si tendré fuerzas para alcanzar la perfección; mucho espero en el poder de Dios, pero me parece que mucho esperaría también de ti si tú me amases. Yo no quiero indagar si me amas así, tanto como acaso deseo allá en el secreto de mi alma; no quiero pensar en el nombre que conviene a tus sentimientos; no me pregunto nada sobre el porvenir ni quiero recordar el pasado. Si me amas, si amas la virtud, si me das aliento para buscarla y esperanza de verla pagada por tu estimación; si me ofreces no irte pronto; si puedo gozar tu compañía algún tiempo, creo que recibiré mucho bien de ti, y que cuando nos separemos, mi recuerdo será eterno en tu alma.

Éste es todo mi deseo; te lo digo con la mano sobre el corazón. Si hay momentos en que tu proximidad me agita y no sé qué inquietud dolorosa me hace sentir que algo falta a mi corazón luego que se pasa aquel momento de turbación y pasión, veo que lo que faltaba no era nada en comparación de lo que poseía; y la satisfacción de haber conservado pura y tierna nuestra ardiente amistad vale cien veces más que todo aquello que hemos negado a nuestro amor. ¿Te amaría más, por ventura, si fueras más mío, que te amo ahora?

Son las tres; voy a mis oraciones; por escribirte las olvidé; tú duermes en tanto. ¡Oh!, que tu sueño sea dulce, que un ángel te cobije con sus alas. ¡Qué bella religión ésta que tiene ángeles; puras y amorosas inteligencias que se asocian en misteriosa comunión con la inteligencia del hombre!... Que los ángeles guarden tu sueño, querido amigo mío, y que ellos te inspiren palabras consoladoras y dulces que escribirme mañana; ¿no es verdad que lo harás?

He pasado contigo mi insomnio, he engañado al corazón, que te buscaba. Te abrazo ahora con mi alma; recibe esa caricia; recíbela en mitad de tu sueño, y que ella te halague tanto como tu recuerdo a tu

Tula.

La pluma es tan mala, que dudo entiendas ésta.

La ruptura

Carta XVIII

La mujer a quien acusas, a quien llamas tu verdugo, te ha amado con un amor que no volverás a inspirar; con un amor que ninguna otra mujer es capaz de sentir. Ayer eras todavía a mis ojos el hombre de mis sueños, la dorada realidad del idealismo de mi juventud. En mi carta de ayer te he llamado mi vida, mi esperanza, mi bien; te pedía que vinieses a mí en aquel momento en que te escribía, para jurar en tus brazos ser tuya hasta morir, y morir cuando te perdiese, cuando cesases de amarme. Viniste, en efecto, poco después, y fue para decirme tranquilamente, tan tranquilamente que no pude creer fuese verdad, que te marchabas mañana a París. Y bien, ¿de qué te quejas? ¿De qué me acusas? ¿Hay algo que me reste que hacer para probarte mi amor? Y si te lo he probado, si lo conoces, ¿podrás dudar que tu partida ahora me iba a destrozar el alma? Porque yo era delicada y generosa, y no quería exigirte lo que solo deseaba y esperaba deber a tu corazón; ¿debías tú, uniendo la injusticia a la más fría indiferencia, lanzarme esas terribles palabras, *me voy*, como si me dieses la noticia más indiferente? Dijiste después que *huías* de mí; y bien, ¿es esto más lisonjero que el decirme que te vas porque nada valgo para ti, ni yo, ni mi amor, ni mi pesar? Tú te has decidido a irte ahora sabiendo que poco más tarde hubiéramos podido hacer juntos el mismo viaje; sabiendo que ahora más que nunca me había de lastimar tu ausencia. Sea esta resolución tuya indiferencia y desamor absoluto; sea, como dijiste, que me *huyes por demasiado amor*, yo tendría que ser un ser degradado y privado de todo sentimiento si no viese en tu resolución el golpe que rompe para siempre toda clase de vínculos entre nosotros. Si te vas porque te soy indiferente, yo no debo, no puedo ni quiero molestarte con mi cariño ni con ningún recuerdo de los pesares que sufro. Si realmente me huyes, mi orgullo, a par de mi corazón, gritan ofendidos y me mandan morir antes que continuar relaciones de ninguna especie con el hombre que huye de mi amor como de cosa que puede perjudicarle. Yo no soy ni monja ni casada, tú no eres tampoco esclavo de ningún juramento que haga un crimen del amor; por consiguiente, amando y siendo amado, yo no concibo que nadie pueda huir, a menos que el objeto que ama no sea tan indigno que a toda costa quiera salvarse de sus redes. Y bien, Tula tiene, tú lo sabes, un alma demasiado noble, demasiado altiva; tiene un corazón demasiado apasionado y lleno de delicadeza para dejar lazo alguno al hombre que quiere romperlos. Si tú quieres huir, ¿puedes reconvenirme de que yo te deje el campo tan libre como necesitas? ¿Es que crees que, al huirme, debo yo perseguirte? ¿Es que exiges que cuando tú huyes yo quede preparando los lazos para volver a asirte, si casualidad puede darme ocasión? No, tú me conoces bastante para no pedirme ni esperar de mí cosas degradantes y viles...

Tú no eres ya mi amigo; eres mi amante, el amante a quien adoro, a quien he entregado toda mi alma, toda mi existencia; tú huyes después de esto, bastante causa es para que yo muera de dolor y de vergüenza; pero no para envilecerme hasta el punto de seguir contigo como si tal cosa. Para no sentirme herida hasta el fondo de mi alma e incapaz de volver a sostener tu mirada, sería preciso que fuese una mujer perdida, que con nada obliga ni se obliga.

Yo no estoy colérica, no; estoy indignada, sí, y sobre todo, dolorida. Creo que si te hubiese visto como tú me viste, aun cuando el viaje fuese la cosa más urgente, más precisa, hubiera volado a devolver el billete y a decir a veinte amigos que fueran: *no voy*. Sí, eso hubiera yo hecho, en vez de pedir al cielo la muerte y llamar verdugo a la persona a quien haces infeliz; eso hubiera hecho yo si fuese tú, y luego te hubiera cogido en mis brazos y te hubiera dicho: «perdóname; estaba loca cuando creí posible dejarte por mi voluntad; dame la dicha o la desgracia, lo que tú quieras, con tal que te des tú con ella. El dolor, el remordimiento mismo, es dulce en tus brazos, cuando se bebe en tus labios».

Esto hubiera yo hecho, porque yo tengo corazón. Tú, haz lo que quieras, lo que has resuelto; pero olvida para siempre a una mujer que sería digna de lo que haces si fueses capaz de sufrirlo pacientemente. Tú rompes todos nuestros lazos, antiguos y nuevos, ¡todos!

Tu amante ultrajada no puede ser tu amiga. *Tula*.

Carta XIX

He recibido la tuya en cama, pues mi jaqueca se ha hecho tan fuerte que no puedo tenerme en pie, y tomé y conservo la cama, donde permaneceré hasta la hora de comer, por si el descanso me alivia. Comemos a las seis regularmente, y me es imposible recibir antes de las siete. Si quieres absolutamente que te vea hoy, será preciso que vengas a dicha hora, por solo una, pues a las ocho espero a Concha y estoy comprometida con ella para ir al teatro.

Te recibiré, pues, a las siete, y estarás hasta las ocho, si gustas; pero ten entendido que no te recibo para *reconvenirte* ni para *quejarme*, ni para *mandarte que te quedes o que te vayas*, como tú me autorizas. No; te recibo porque lo deseas y porque yo no quiero que nada en mí parezca capricho y obstinación de orgullo. Te recibo porque no veo un gran mal en ello, porque será la última vez que nos hablemos en este mundo, y porque *no trato ni de quejarme ni de reconvenirte, ni de mandarte.*

Te he dicho lo que debía, y obro como me ordena mi delicadeza. Te he dicho que si te vas *todo* queda roto, todo queda concluido entre nosotros de una manera absoluta, y en esto mi resolución es irrevocable, porque es necesaria. Yo te lo perdono todo, te dejo completamente libre para disponer de tu persona según tu antojo o conveniencia; te declaro que nada tienes que ver conmigo en lo sucesivo ni como amante, ni como amigo, ni como mero conocido, porque yo todo lo renuncio hoy: tu amor y tu amistad y tu recuerdo; todo lo renuncio para que seas tan libre como necesitas y vivas tan tranquilo como apeteces. En esto, repito, es, *imposible* que yo cambie de modo de pensar. Tu marcha es el golpe que todo lo rompe, y lo más que yo puedo hacer y tú puedes pedirme, es que sufra ese golpe sin quejarme. Eso es lo que deseo hacer, eso lo que haré.

Te suplico, pues, que si vienes esta noche, me evites escenas dolorosas e inútiles. He padecido mucho; mis dolores no han sido esos dolores tuyos, que no son más que fantasías; yo he sido desgraciada, tú lo sabes, la suerte ha querido que yo lo sintiese todo, lo poseyese todo y todo lo perdiese. No juegues con este corazón lastimado. Él te perdona, si lo has ofendido, te desea toda felicidad que para sí mismo no espera, y te da un *adiós* irrevocable y eterno; pero sin acrimonia ni amargura.

Adiós; sé justo con la que te ha amado, con la que te amaría eternamente si tú lo hubieras querido.

Cenizas

Carta XX

Madrid, 4 de febrero de 1850

¡Una carta tuya después de un siglo, de un silencio de muerte!... Gracias; te doy gracias de no haberme arrebatado para siempre mi última creencia: la última fe que he fundado en la tierra. Sí, he creído en ti, en tu corazón, en tu lealtad; tu silencio me había casi persuadido de que no valías más que la generalidad de los hombres; de que tu corazón era uno de tantos; de que tu lealtad no llegaba hasta decir noblemente «nada eres ya para mí», y esto me hizo padecer mucho, créelo. ¡Nos aferramos tan tenazmente a nuestras ilusiones cuando son tan pocas las que nos quedan! En fin; he aquí una carta tuya. Nada, no hablemos nada de lo pasado en cuanto pueda acarrear recriminaciones mutuas y que son inútiles por lo menos. Ni aun quejarme quiero de la interpretación que me confiesas haber dado a mi última carta, bien que a la verdad me haya parecido extravagante y desnuda de sentido común. Pero he aquí una carta tuya, y yo no veo más sino esto: que tu corazón lanza un acento preguntando por el mío, y que el mío debe responderte sin amargura, sin vehemencia; olvidando todo lo que pudiera hacer dolorosa la comunicación tanto tiempo interrumpida, que hoy se restablece. De quién fue la culpa no es ocasión de indagarlo: tuyo es el mérito de que haya cesado y esto basta a mi alma y esto borra todo otro recuerdo.

Y bien, has trabajado, viajado y padecido; de lo primero y de lo segundo me alegro; de lo tercero no me admiro, pero me apesadumbro. Padecer es nuestro destino, amigo mío;

trabajar y viajar suele aturdirnos y librarnos algunos momentos de aquella terrible necesidad, y por eso me complazco en pensar que tus viajes y tus trabajos habrán acortado y aligerado la última parte de tu vida a que haces referencia: la parte de padecimientos. Y, sin embargo, tengo muy presente aquellas palabras de madame Stäel, verdaderas como todas las revelaciones del genio: «Viajar, por más que se diga, es uno de los placeres más tristes de la vida. Apresurarnos por llegar a donde nadie nos espera; impacientarnos por una tardanza que a nadie afecta sino a nosotros; llegar a donde nada nos recuerda lo pasado ni tiene relación con nuestro porvenir».

Esto decía, poco más o menos, aquella mujer de tan gran talento como corazón, y esto habrás tú sentido, aunque no lo digas. Yo también sé por experiencia que la atmósfera de un país extranjero encona más las llagas del corazón, y rara, rarísima vez caen sin acrecentamiento de amargura las lágrimas que se derraman sobre un suelo que es el nuestro. Pero tú tenías sed de nuevas: gustar, ver y estudiar; esto te habrá embriagado algunos momentos y entretenido muchos días. Luego, París es el centro de los amores fáciles y de los placeres tumultuosos. Habrás tenido también tus horas de fascinación y de vértigo; llevabas una organización joven y una cabeza poco gastada. Habrás gozado; habrás creído amar tal vez; y sobre todo esto, ¡cuántas emociones nuevas para tu alma en todas esas terribles peripecias políticas y sociales!... Un trono que se hunde; una revolución que amenaza invadir a la Europa y no dejar en pie nada de todo aquello que había parecido eterno en otros tiempos. Sí; habrás vivido, si la vida debe medirse por las sensaciones; habrás vivido y, por consiguiente, habrás padecido, pero todo eso te convenía; todo eso te era necesario. Has estado enfermo, me dices, y me dejas entrever que el mal comenzó en la región del alma: que tuviste pérdidas sensibles. ¡Ay, amigo mío!, hace años que yo escribía estos versos, estos versos en los que le decía a Dios:

Rompes mis lazos cual estambres leves;
cuanto encumbra mi amor tu soplo aterra,
y haces, Señor, exhalaciones breves
las esperanzas que fundé en la tierra.
Así tal vez tu voluntad me intima
que solo busque en ti sostén y asiento;
que cuanto el hombre en su locura estima
es humo y polvo que dispersa el viento.
Humo y polvo; humo y polvo y nada más.

Así vemos ir desapareciendo unos tras otros nuestros ídolos de un día. A veces ellos propios se hunden por su flaqueza; a veces, nosotros los pisoteamos en la rabia de la decepción; a veces, y esto es lo menos malo, Dios nos los arrebata ofendido de nuestro profano culto. De todos modos, llega un día en el cual comprendemos por qué no hallamos nada en torno nuestro; por qué el abismo inmenso de nuestra alma está siempre sediento y vacío; porque todo ha pasado menos nuestro anhelo inmortal; entonces es preciso creer que hay algo que corresponde a él; algo que sea como él, eterno; como él, infinito; en fin, amigo mío; entonces creemos en Dios y buscamos a Dios. Permite que aún te cite con este motivo otros versos míos:

¡Tú eres, Señor, amor y poesía!
¡Tú eres la dicha, la verdad, la gloria!
¡Todo es mirado en ti, luz y armonía;
todo es, fuera de ti, sombra y escoria!

¡Dichoso aquel que de pérdida en pérdida y de dolor en dolor, llega a comprender esta gran verdad, y más dichoso quien, después que la comprende, sabe sacar provecho de ella! Yo he llegado al primer caso; pero no sé qué fatalidad inexplicable me retiene frente a frente de aquella luz, encadenada y sin valor para acercarme más al calor de sus rayos. Hastiada del mundo, despreciando todos sus oropeles, necesitada de reposo y paz, anhelante de grandes objetos, yo, sin embargo, sigo aquí en medio de las pequeñeces tumultuosas de la vida social que me pesa, que me fastidia, que me da lástima y risa; y sigo no sé por qué ni hasta cuándo.

Escribo: mi última tragedia, *Saúl*, ha hecho mucho ruido; se ha dicho mucho bien y mucho mal de ella; que es lo bastante para darle celebridad. Se han gastado gruesas sumas en ponerla en escena; augustas distinciones la han favorecido, severos críticos la han encomiado; un público ávido y curioso ha llenado el teatro largo tiempo; en fin, ha sido un suceso teatral que me ha puesto más en evidencia que lo estaba ya. He sido colmada de lisonjas en bailes de altas regiones; en saraos particulares; en todas partes. Parece que la sociedad toda quiere desde entonces probarme que vale algo ella y que valgo algo yo; pero, amigo, la venda está caída; yo la veo, y me veo, y me río de ella y de mí. Ni sus calumnias cuando me calumnia, ni sus elogios cuando me ensalza, ni sus desprecios, ni sus adulaciones, nada llega ya a mi alma; todo resbala como una gota de agua en una superficie lisa y sin poros. ¡Y heme aquí, sin embargo!

No sé si deseo algo, si algo espero; a veces me parece que hay cierta cosa providencial en esta pereza mía: que estoy así inmóvil en el desierto de mi vida porque el cielo lo dispone, a fin de cumplir algún designio suyo. ¡Qué sé yo! Me parece que lo que es por mí, no me estaría aquí; que hubiera ya huido muy lejos del mundo. Alguna vez, sin embargo, me pone miedo la idea de la absoluta, soledad: no puedo aislarme de mí misma y esto me intimida, porque creo que separarme de todo y llevar mi propio pensamiento es entregarme desarmada a mi mayor y más fuerte enemigo. En esos momentos de pavor y de duda y de afán y de cansancio, en esos momentos, todavía vuelvo los ojos hacia la tierra, falta de fuerzas para fijarlos en lo alto, y me parece que me hace falta, un corazón amigo, que debo buscarlo todavía: que es posible hallarlo. En esos momentos deseo oír un acento veraz, que me diga: «ven a mí»; y ya fuese el acento de un hombre, ya el de un ángel, ya el de un demonio, aquel acento en aquel momento pudiera llevarme muy lejos; pero, por fortuna, aquel momento pasa, y los acentos que oigo no se parecen al que yo sueño alguna vez y que no debo escuchar jamás... ¡Oh!, no es amor lo que puede ya anhelar mi alma, no; es algo más profundo y más santo: es la ternura; pero una ternura... En fin, ¿a qué viene hablar de esto? El caso es, amigo mío, que tú vives y padeces, y yo, pobre alma poética metida entre lodazales, yo no vivo ni padezco ya sino en mis instantes de delirio; mi vida habitual es la inercia, la postración, la ausencia de toda sensación poderosa.

Ya ves que te pago con usura tus letras, y como no quiero que a fuerza de ser pródiga, te canse a ti mi amistad, me determino a concluir, sin necesidad de asegurarte que siempre es tu mejor amiga,

Tula.

Carta XXI

Madrid, 26 de marzo de 1854

¡Gracias al cielo que te has acordado de mi existencia y que me envías noticias de la tuya! Me había llegado a persuadir, en vista de tu largo silencio, de que te habías quedado entre los turcos, renegando de todas tus afecciones de España. La última tuya que llegó a mis manos fue la de Constantinopla. Nada más he sabido de ti desde entonces, ni sabía cómo escribirte ignorando tu paradero.

Mi bello ideal es, hace tiempo, el absoluto aislamiento, y es precisamente lo que no alcanzo de Dios. Con todo, es probable que este año, si se realiza el infausto suceso que temo, si pierdo a mamá, mi suerte se fije por último, definitivamente, y me verás en un convento, o bien (si a tanto no me decido) sabrás que surco nuevamente el Atlántico, buscando, como el pobre Heredia, «otro cielo y otra tierra». Siento la necesidad de algún cambio grande, que saque mi vida del estado de marasmo en que ha caído. Aquí todo me cansa ya.

¡Y bien! Tu carta ha llegado cuando estoy cercana a una crisis decisiva. ¿Será disposición del cielo? ¿Será que debamos no separarnos, acaso para siempre, sin vernos todavía una vez y darnos un tierno adiós? Lo pienso así, amigo mío, y casi me persuado de que es cosa segura que vengas este año a Madrid, que te vea en él, y que tal vez tus consejos me guíen en la elección del partido irrevocable que pienso abrazar si Dios dispone de mi madre y yo la sobrevivo. Mi corazón, que ha sido tachado de inconsecuente, es, respecto a ti, por lo menos, de rara perseverancia. Siempre que los busco encuentro en su fondo, adormecidos pero no debilitados, los sentimientos que supiste inspirarle. Siempre eres mi primer amigo, el hombre de mi confianza, de mi estima, de mi fe. Todos los indicios que en tu proceder haya podido ver de que no eres mejor que el resto de la humanidad, no han sido bastantes a destruir aquella persuasión instintiva de que eres bueno, de que eres leal, de que eres una noble naturaleza excepcional en esta mísera raza; y yo, soy una criatura que, a pesar suyo, consulta más a sus instintos que a su razón. Te quiero, pues, todavía; todavía creo, *a pesar de todo*, en tu amistad, y todavía anhelo que tengas alguna parte en la decisión de mi destino futuro. Ven, pues, este verano o este otoño; ven, para que tu amiga te cuente todas sus vacilaciones y disgustos, y para que la dirijas en sus resoluciones.

Respecto a lo que me consultas sobre mis cartas, solo puedo responderte que no recuerdo exactamente lo que contienen. Ignoro si hay en esas cartas confidenciales cosas que puedan interesar al público, o si las hay de tal naturaleza que deban ser reservadas. Cuando nos veamos, hablaremos de eso y examinaremos dichos papeles, sí; porque cuento que nos veremos sin falta. Adiós.

Fin

Libros a la carta

A la carta es un servicio especializado para
empresas,
librerías,
bibliotecas,
editoriales
y centros de enseñanza;
y permite confeccionar libros que, por su formato y concepción, sirven a los propósitos más específicos de estas instituciones.

Las empresas nos encargan ediciones personalizadas para marketing editorial o para regalos institucionales. Y los interesados solicitan, a título personal, ediciones antiguas, o no disponibles en el mercado; y las acompañan con notas y comentarios críticos.

Las ediciones tienen como apoyo un libro de estilo con todo tipo de referencias sobre los criterios de tratamiento tipográfico aplicados a nuestros libros que puede ser consultado en Linkgua-ediciones.com.

Red ediciones edita por encargo diferentes versiones de una misma obra con distintos tratamientos ortotipográficos (actualizaciones de carácter divulgativo de un clásico, o versiones estrictamente fieles a la edición original de referencia).

Este servicio de ediciones a la carta le permitirá, si usted se dedica a la enseñanza, tener una forma de hacer pública su interpretación de un texto y, sobre una versión digitalizada «base», usted podrá introducir interpretaciones del texto fuente. Es un tópico que los profesores denuncien en clase los desmanes de una edición, o vayan comentando errores de interpretación de un texto y esta es una solución útil a esa necesidad del mundo académico.

Asimismo publicamos de manera sistemática, en un mismo catálogo, tesis doctorales y actas de congresos académicos, que son distribuidas a través de nuestra Web.

El servicio de «libros a la carta» funciona de dos formas.

1. Tenemos un fondo de libros digitalizados que usted puede personalizar en tiradas de al menos cinco ejemplares. Estas personalizaciones pueden ser de todo tipo: añadir notas de clase para uso de un grupo de estudiantes, introducir logos corporativos para uso con fines de marketing empresarial, etc. etc.

2. Buscamos libros descatalogados de otras editoriales y los reeditamos en tiradas cortas a petición de un cliente.

www.ingramcontent.com/pod-product-compliance
Lightning Source LLC
LaVergne TN
LVHW101918190826
846094LV00002B/52

* 9 7 8 8 4 1 1 2 6 0 6 6 4 *